幼儿园学习环境规划

周淑惠／著

北京联合出版公司
Beijing United Publishing Co.,Ltd.

图书在版编目（CIP）数据

幼儿园学习环境规划 / 周淑惠著. -- 北京：北京
联合出版公司, 2018.4

ISBN 978-7-5596-1784-2

Ⅰ.①幼… Ⅱ.①周… Ⅲ.①幼儿园-环境规划 Ⅳ.①G617

中国版本图书馆 CIP 数据核字（2018）第 042309 号

著作权合同登记 图字：01-2018-0821

幼儿园学习环境规划

作　　者：周淑惠
选题策划：南京经略教育科技有限公司
责任编辑：管　文
封面设计：经略教育
版式设计：经略教育
责任校对：经略教育

北京联合出版公司出版
（北京市西城区德外大街 83 号楼 9 层　100088）
南京华众彩色印刷有限公司印刷　新华书店经销
字数 130 千字　710 毫米×1000 毫米　1/16　12.5 印张
2018 年 4 月第 1 版　2018 年 4 月第 1 次印刷
ISBN 978-7-5596-1784-2
定价：60.00 元

本书特色

本书——《幼儿园学习环境规划》，旨在论述幼儿学习环境规划与设计之理论与实务。撰写架构是以一般建筑环境规划通则为基础，进而考虑所服务主要对象——幼儿之发展与学习特性与需求，以及新时代的影响浪潮如幼儿教育新趋势、环境行为理论与研究、与当代社会特性等，综合归纳幼儿学习环境六项规划通则——游戏探索、多元变化、社会互动、温馨美感、弹性潜能与健康安全；并具体说明幼儿园细部规划与设计实务，包括幼儿园整体规划与设计、幼儿活动室规划与设计、户外游戏场规划与设计。简言之，本书共有两大篇，第一篇——幼儿学习环境规划趋势与取向，以及第二篇——幼儿园学习环境规划与设计实务。基本上，本书所揭示之幼儿学习环境六项规划通则，对幼儿园及其他幼儿学习环境，如儿童博物馆、儿童图书馆、文化活动中心、公园游戏场等均可适用与裨益；亦可作为幼教系所、幼保系所、儿童发展系所等相关系所开设幼儿学习环境规划、游戏环境规划、环境与幼儿教育、幼儿学习环境专题等科目之参考书目。

作者简介

周淑惠　　　　　　　　　　　　　　　　　　＊＊＊

现任： 台湾"清华大学"幼儿教育学系/所教授

学历： 美国麻州大学教育博士（主修幼儿教育）

美国麻州大学教育硕士

经历： 新加坡新跃大学兼任教授

徐州幼儿师范高等专科学校客座教授

澳门大学客座教授

美国麻州大学客座学者

美国麻州大学教育学院幼儿教育组行政助教、研究助理

美国麻州安城 The Children's House 幼儿教师

美国麻州安城 Wildwood Elementary School 双语辅导教师

美国麻州安城 Pioneer Senior Center 心理咨询员

美国北科罗拉多大学研究学者

美国内布拉斯加大学客座教授

台湾新竹师范学院幼儿教育学系/所主任

台湾新竹师范学院幼儿教育中心主任

主要论著：

《游戏 VS 课程》《幼儿园课程与教学》《创造力与教学》《幼儿学习环境规划》《幼儿教材教法》《幼儿自然科学经验》《幼儿数学新论》等。

目录
CONTENTS

 幼儿学习环境规划趋势与取向

第二篇 幼儿园学习环境规划与设计实务

CONTENTS

幼儿学习环境规划趋势与取向

　　本篇——幼儿学习环境规划趋势与取向，共分三章。首先第一章论述规划幼儿学习环境的基础考量，包括一般建筑环境规划的基本考量——彰显意涵、发挥机能、形塑美感，以及所服务对象幼儿的特殊考量——发展、学习特性与需求。这两方面的基本考量犹如建筑的基石般重要，是规划幼儿学习环境的首要条件。其次第二章论述影响幼儿学习环境规划的新近浪潮，包括四个层面：儿童权利层面、幼儿教育层面、环境行为理论与研究层面、未来社会生活层面。此新势浪潮犹如浪花持续拍打建筑物的基石般，深刻影响建筑物的建造，必须一并纳入规划幼儿学习环境的考量中。最后第三章则综合归纳以上的基础考量与具影响作用的新近浪潮，揭示反映新时代的幼儿学习环境规划取向。这些规划取向实为规划与设计幼儿园的共通原则，也是规划与设计各类幼儿学习环境（如儿童博物馆、儿童图书馆等）的重要参考依据。

第一章

幼儿学习环境规划的基础考量

我们都知道"境教"的作用与重要性，而一个有品质的学习环境是需要用心打造的，本章第一节首先论述建筑师在规划一般建筑环境时的一些基本考量，即一般建筑环境的规划通则；第二节则在此通则之上，进一步考量幼儿学习环境的主要服务对象——幼儿的发展、学习特性与需求。简言之，在规划幼儿学习环境时必须统整考量以上两项基础要素，故以专节探讨之。

第一节　一般建筑环境规划的基本考量

根据刘育东教授（1997）所述，任何的建筑或环境在规划与设计时，都要同时考量如何呈现该建筑物存在的特殊"意涵"，如何发挥合宜便利的应有"机能"，以及如何流露和谐怡人的"美感"三项通则，才能充分展现该建筑物或环境的品质与功能。笔者以为，幼儿学习环境的规划亦当如此，须以此通则为基础（周淑惠，2001），并进一步统整考量幼儿的特性与需求。因此本节分别论述此三项建筑环境规划通则。

一、彰显意涵

首先谈到第一项规划通则——思索与呈现建筑物"意涵"或"理念"。每一个建筑物在设计时均要仔细思索该建筑物之所以存在的深层意涵，并设法具体彰显此一理念或意涵。如二二八公园的纪念民主奋斗意涵，台北中山纪念馆的怀思古人伟业深意。若把二二八纪念公园设计成喧嚣欢乐的主题游乐园形态，则完全失掉其存在的特殊意义。此外，每一建筑师或业主均有其个人所持、想要通过建筑物加以呈现的哲学思考或设计理念。建筑物规划理念不同，其成品自然大为不同，例如崇尚自然、认为自然就是美的高第（Antoni Gaudi），非常痛恨直线，其建筑表现就充满自然元素与色彩，如波浪弧度、蜂巢纹理等（图1-1-1a、图1-1-1b）。进一步而言，众所皆知有关游戏理论有所谓的"消耗过剩精力论""最佳唤醒理论"等，若公园或游戏场规划者所持的理念是前者，其所规划出来的公园或游戏场很有可能是一个单纯体育锻炼场所，以释放孩子的剩余精力。那么包含各自独立的秋千、单杠、滑梯、旋转木马等的"传统体能游戏场"是其成品表现。若公园或游戏场规划者所持的理念是后者，希望儿童在游戏中找出多元玩耍方式，也希望儿童在其所设计的游戏场中随心所欲，激励沉睡中的潜能。那么复杂、具刺激性且能自我建构的"冒险游戏场"，或组合式大型游

图 1-1-1a

图 1-1-1b

戏结构可能就是其规划表现。再拿博物馆来说，在秉持建构主义精神的儿童博物馆内，其软、硬件与空间设计，特别是各项展览与设施一定是非常强调"动手操作"（hands on）与社会互动的，与传统式不准碰触、静态观览的展览形态是大异其趣的。简言之，每一项建筑设计均有其存在与想要表达的意涵或理念。

就此而言，本着不同哲学思维或理念而设计的幼儿园，其实质环境表现势必有差异。例如倡导人智学（Anthrophilosophy）的瑞士哲学家史代纳（Rudolf Steiner）认为人的存在和意义是立足于地球环境而向上无限延伸，因此他在设计人智学院时，都在彰显其哲学论点——下半部垂直立足地面，上半部则具无限变化发展性（刘育东，1997）。而基于人智学理念的幼儿教育模式就是所谓的"华德福"（Waldorf）幼儿园，乃因史代纳在德国司徒加 Waldorf 烟草工厂协助创立而得名。基于人智学的华德福幼儿园强调心灵科学，相信万物皆有其韵律与定位，人类亦应如此。教育的重要目标即在了解与建立生命的定位与韵律感，以促进身、心、灵的均衡发展。教师们应透过自然事象（如穹苍、四季流转、植物等）让孩子体验生命内在"道德律"（余振民译，1997）。其幼儿园环境重要特色诚如胡宝林教授在《教育的艺术》（余振民译，1997）该译书的序所言为"有机建筑"、家庭的延伸、自然质朴的美感、自然的室内材质、大的户外自然空间等。所谓有机建筑意指空间有机多变与呈现不规则组合，富许多人性化角落空间，而非一般学校的方方正正空间形态。

而同样是崇尚"美"的环境，以意大利教育家蒙特梭利（Maria Montessori）为鼻祖的蒙特梭利幼儿园则是着重单纯明亮、温馨、和谐，讲求整洁与材料品质的美（魏美惠，1995）；相对地，华德福幼儿园则尽量返璞归真，多以原木、纯棉为材质，讲求自然无修饰的美。此外，蒙氏幼儿园以其小尺寸的儿童家具闻名，华德福幼儿园则将园所营造得像"家"原有的样貌，有老式的大厨房与大桌子。另一显著差异是蒙氏教具大部分是人工设计，极具结构性；华德福教具则全是自然界实物，如枯木条、松果、石头、贝壳等。两个模式在环境上的显著差异是因其理念基础不同所致：华德福膜敬自然，期与自然韵律合一，并强调以现代亲和方式教导传统美好的德行，让身、心、灵净化。因此在环境上尽量保有自然，并作为家的延伸，儿童玩教具皆为自然之物。蒙特梭利女士期盼孩子与生俱来的"灵性胚胎"以及初生前数年的"吸收性心智"，能在

图 1-1-2a

图 1-1-2b

教师 "准备好的环境" (the prepared environment) 中充分开展成长，并期望培养幼儿基本能力以适应当时社会生活。因此老师的重要职责之一是准备好一个心智可以尽情吸收与自我学习的环境，其教具与操作方式都是经过特别设计、有特定功能的（图 1-1-2a、图 1-1-2b），以达到培养幼儿基本能力的教育目的（Lillard, 1972; Montessori, 1965）。足见哲思与教育理念不同，所营造的学习环境亦大不相同。

因此，若笃信开放教育者，营建一所没有墙壁与隔间的学校（苏南芬、林信甫译，1996），与提供多样且能让儿童自由探索的学习区域（learning areas）；而笃信传统教育或直接教学者，营建各间区隔教室与布置排排相邻学习桌椅；以及笃信上帝的教会学校于校门矗立十字架或圣母雕像（图 1-1-3a、图 1-1-3b），并备有专用祷告室，均是不难理解的。诚如 Gordon 与 Browne（1993）所言，每一个环境都是独特的，每一个学校都有反映其自身理念的教育目标，当目标落实于环境时，就创造了个别学校的氛围。因此

图 1-1-3a

图 1-1-3b

要让一个幼儿园空间有效运作，就必先清楚知悉自身所要达成的教育目标是什么（Kritchevsky, Prescott, & Walling, 1977），并将其独特目标反映于学习环境，使其发挥效用（Leed, 1995）。总之，思索与彰显建筑物存在的意涵或理念是规划建筑环境的必要考量，而为营造具有特色与理念的幼儿学习环境，园所、业主与教育有关部门具有清晰的教育哲学与教育目标是极为必要的，以作为规划与设计的基础。

二、发挥机能

第二个确保优质环境的规划通则是考量与发挥应有"机能"。无论是幼儿园也好，医院、政府办公室、公园、户外游戏场也好，每一个建筑物环境都有其必须满足的基本功能，如幼儿园满足幼儿生活与教保活动的需求，医院满足民众预防与治疗疾病的需求。因此，任何的建筑环境在规划之初就必须以服务对象、所提供服务项目为念，善用周遭自然与人为条件，做整体空间的"功能区分"（zoning），将内外各个空间按其功能与彼此间依存关系，合理地组织与安排，创造该环境的最佳机能。

以医院而言，使用者为各类病人与医护人员，其设立主要目的是提供各类病人就医及医疗行为的迅速性、精确性与便利性等。因此，其整个建筑环境在规划之初，就要考量内、外在空间组织的合理性与整体动线的顺畅性，以服务各类不同病患与医疗人员。例如：急诊处的易及地利性（位于医院明显外围，方便迅速抢救）、一般病房的安静服务性（远离吵闹的各科诊疗室并毗邻医护服务区域）、加护病房的紧密照护性（离医疗设备、手术室近并方便严密照护），皆须加以综合考量，以发挥医院应有的功能与服务；其次若考量探病亲友的需求，一个远离诊疗区且干净卫生的餐饮休憩区，也是极为必要的规划设计。再以公园为例，其主要功能是提供民众休憩游乐的场所，因此其整体坐落与动线规划必须与周围环境保持和谐关系，如避免干扰邻近居民安宁、防止交通阻塞等；以及公园内各区域配置要与基地的特性相容，以创造最佳功能，例如野餐区就地利之便，设于充满荫凉的树群下，滑草区设于地势之优的坡地，停车场则远离儿童游戏场一段距离，以策安全等。

Gordon 与 Browne（1993）指出，所有教育与保育幼儿的环境，不管机构大小与课程性质，都有相同的基本环境成分与基本目标——符合幼儿的需求。幼儿园所服务的主要对象是学前幼儿，其次才是教职员工与接送的家长，其规划当然首要以幼儿为中心考量，符合幼儿所需，其次才是考量职工与家长需求；而为充分发挥幼儿学习环境的应有功能与品质，业主与建筑师充分了解幼儿发展与学习的特性与需求是极为必要的。本章第二节即进一步针对幼儿特性与需求深入探讨，以期对幼儿学习环境规划有所启示。

三、形塑美感

确保优质环境与建筑物的第三项规划通则是营造"美感"的氛围。建筑环境除了要适度彰显理念呈现其存在涵义，以及满足必要提供的机能服务外，尚需注重美感的雕塑。我们认为，建筑物环境不只是生活的空间、场所，可用、可住、可驱风避雨而已，它应该也是陶冶赏心的场域，让身心得以放松、舒展与满足，进而净、美化气质，提升情意层次与生活素质。环境影响人的行为，在舒美雅致环境中如花木扶疏的亭台楼阁，人们自然会流露悠然高雅的行为；反观，在紊乱杂沓的环境中，如拥挤喧嚣的夜市，人们自然显示嬉闹粗俗行为。以往由于战乱与经济起飞因素，人们为打拼生活，只注重建筑物的实用机能层面，在过度争取与扩张机能下，却流失了怡人的美感，导致街道建筑物外搭许多空间，立面招牌粗大醒目，且社区住家任意加盖或改装门面，破坏原有和谐一致的外观，使得整体景观显得紊杂混乱，非常的不协调；而且人们的言谈举止也戾气噪闹，尤其在公共场合中，实在影响我们的城市形象。国外街道环境所流露的赏心悦目、和谐平衡之美，真是令人感叹（图1-1-4a、图1-1-4b、图1-1-4c、图1-1-4d、图1-1-4e、图1-1-4f）。而美感教育是潜移默化、耳濡目染的，它必须从小做起与从生活中做起，建筑物环境的美感营造就显得相当重要，尤其是幼儿学习环境。深信我们皆愿子孙能有美的"境教"，在美的环境中涵养宜人的情操与行为，因此，业主与建筑师不仅要持有提升建筑环境景观的伟大抱负，也要肩负形塑美的教育环境的神圣使命。

图 1-1-4a

图 1-1-4b

图 1-1-4c

图 1-1-4d

图 1-1-4e

图 1-1-4f

　　刘育东教授（1997）又指出，大体上而言，一般美感的原则有比例（即建筑与周围环境的和谐关系）、平衡（意指视觉的平衡，包括对称平衡、不对称平衡与放射平衡）、韵律性（重复）、统一与变化的巧妙运用、对比与张力的搭配等。而以上这些美感原则均可分别运用于建筑环境的形体、色彩、光线、质感与构造上。意即无论是建筑物的形体、色彩、光线、质感与构造等，均必须考量比例、平衡、韵律、统一与变化、对比与张力等美感原则的运用。美感原则运用的结果，呈现各环境要素间的和谐关系，和谐就是美，与整体环境和谐共生才是美。尤其建筑物环境反映自然，与自然和谐相融更是美，是美的极致。而笔者深深以为一个整洁、温馨的空间，不仅所有事物均有定位并显示各环境要素间的谐调关系，而且是一个爱、包容、可预期的环境，流露人际与情意层面和谐状态，也是一种美感。综言之，幼儿园、公园、游戏场、博物馆等各种幼儿学习环境的规划均须注重美感原则，追求与雕塑美感，就此而言，业主、建筑师与幼教有关部门均必须以此为己任，实责无旁贷也。

综上所述，彰显建筑物意涵、发挥生活机能与形塑和谐美感是落实优质建筑物与环境的重要规划通则，也是基本考量。我们认为，只要进一步以所服务对象为念，此三项通则均可以运用于各种类型环境的规划上。值得注意的是，此三项原则是相互配合、交相为用的，如何在呈现理念与建筑物意涵下，创造最大、最合理的空间机能关系，并同时能做到美感的讲求与塑造，不致顾此失彼，甚而舍本逐末，才是设计的圭臬。举例而言，如果为了追求舒美感受，牺牲必要机能或罔顾所具理念；或是为了强调最大机能，拂却美感要素或流失所持理念；甚或为了坚持内在理念，漠视机能服务或忽略美感营造，以上现象皆非建筑物之福，建筑物品质必大为折损。

第二节　服务对象——幼儿特性与需求的统整考量

　　彰显建筑物意涵、发挥机能作用、形塑和谐美感是一般建筑环境规划的三项基本考量，而在规划幼儿学习环境时，则必须进一步特别考量所服务对象——幼儿的发展、学习特性与需求，方能为其量身定造优质的学习环境，此乃自不待言之理。因此，据此三项通则，幼儿的建筑物要能彰显"顺应幼儿发展与学习"的教育理念，创造"符合幼儿特性与需求"的生活机能，以及形塑"满足幼儿所需所感"的美感。

　　Leed（1995）曾明白指出，环境规划者必须考量四个观点，其中最重要的是来自学习者的观点，毕竟他们是使用者，最终目的是要有效地教育这些学习者。学前幼儿尚无法有系统地表达自我需求与观点，我们仅能从其发展与学习特性上推论其需求。笔者（周淑惠，2006）曾综合文献与个人观察所得，归纳幼儿的发展与学习特性有六：文化情境性、全人发展性、渐序发展性、个别差异性、探索建构性与具体经验性。首先，文化情境性揭示幼儿是在整个大的社会文化情境中成长发展的，深受社会文化与社会互动的影响；其次三项特性——渐序发展、个别差异与全人发展性也是幼儿在发展上的共通特性；最后两项特性——探索建构与具体经验性是个体发展所表现于学习上的特性。兹将幼儿在发展与学习两方面的特性，特别是这些特性所衍生的特殊需求，分别叙述如下，并进一步论述：如何在一般建筑环境规划通则之上，进一步统整考量幼儿特性与需求，为其创造最大福祉的优质环境。

一、幼儿发展特性与需求

（一）文化情境性

东方人较为谦卑、内敛，社会一向赞许此一美德；相对的，在美国或西方一般人较为自信、外显、勇于表达，社会一向珍视此一行为表现。为何有此显著行为差异呢？此乃深受东西方不同文化影响所致。根据 Vygotsky 的"社会文化论"（Sociocultural Theory），个人是与其社会紧密联结的，儿童的经验若是没有经文化团体的社会性传介，就无法在内在认知层次上被理解（Wertsch, 1985），亦即社会文化对儿童个体的发展与知识的建构扮演举足轻重的角色，其影响深远。换言之，孩子的认知是"情境化的"（contextualized）（Berk & Winsler, 1995），每个社会情境都有其特殊的文化与价值观，因此不同社会情境所孕育的幼儿当然大不相同，尤其是东西方文化差异所涵濡熏陶出来的幼儿，势必有所差异。

人类既是在其所处社会文化中通过社会互动雕塑成长的，消极而言，我们无法逃离社会文化的影响；积极而言，则必须让幼儿与社会互动以及与文化接轨，以满足其发展上的需求。因此幼儿教育与幼儿学习环境规划必须反映此一文化情境性，强化开放学习与互动交流，除了在软硬件上必须强化社会互动性外，还必须支持情绪安定及尊敬孩子的家庭与文化经验（Curtis & Carter, 2005; Jalongo, Fennimore, Pattnaik, Laverick, Brewster, & Mutuku, 2004）。以幼儿园环境为例，在园内此一社会文化系统中，必须具有强调"社会互动"的各种空间，如中央聚会广场、宽广的廊道、聚落式的建筑物空间配置等，以营造社区共同体的氛围；以及必须实施能促进社会互动的各种活动，如庆生会、混龄上课、班级互访等。而对外方面，幼儿园必须与外在世界相通，与社会文化融濡（Ceppi & Zini，1998）；在硬件环境上，具有宽广的入园讯息交换空间、家长接送联谊空间等，以及软件课程上运用社区空间。诚如 Dudek（2000）在《学校建筑：新学习环境》一书中所指：有愈来愈多的学前建筑物设计强调"社区共同体"与鼓励社会互动，事实上显示，与社会交流、与文化接轨已成为幼儿学习环境规划的趋势；而台湾学者胡宝林（1998）所提出的强调"社区共生"理念的教保空间模式，笔者以为亦呼应孩子发展上的"文化情境性"。

（二）全人发展性

俗话说：人是身、心、灵合一的完整复杂个体，而个体是在各个发展领域交互影响的动态作用关系中，不断地发展成长，笔者曾将其间极其复杂的交互影响关系譬喻为"电路"的动态回路关系（周淑惠，2002）。换言之，生理、心理、智能乃构成一个完整个体所不可或缺的三大部分，此三大部分共同发展，而且相辅相成、交相影响与作用；幼儿对于事物的反应与学习都是全人全心整体性投入的，他是以他的身体、感觉、心灵、智能整体地与周围环境活跃互动。例如玩肢体游戏时，是神情愉悦与手舞足蹈的，专心投入游戏情境；生气不悦时，是身体扭曲或哭泣抽搐的，且通常语无伦次、无法思考。这种以完整个体呈现的全方位发展模式，即为所谓的"全人发展性"。

我们均乐见身心均衡发展的幼儿，全人发展既是个体发展的特性，也是幼儿发展的目标，对幼儿教育与幼儿学习环境的规划则别具意义，诚如 Jalongo 等人（2004）所指，一个高品质的幼教全球观在为幼儿规划学习环境时，应反映对幼儿各领域发展的关心。就此而言，一个幼儿园规划多样暨统整性的学习空间，促进幼儿身、心、灵全人发展，尤其是活动室内具有促进各领域发展的各种兴趣区域（俗称角落，含团体讨论空间），以及户外游戏场具强化认知、体能、社会各领域发展的多样活动区域，是颇为必要的。其次园内要有大型体能律动室、图书阅读室、户外游戏探索场、保健室与集会广场等促进体能、社会与心智发展的多样空间；以及规划特别具有舒缓情绪与怡情养性的空间，如心情小屋、隐秘角、转换空间、小庭园等，似乎也是极为必要之举。

（三）渐序成长性

常言道：七坐、八爬、九长牙，幼儿的各项能力从婴儿期就逐渐发展、日益增进，渐序成长性是最容易理解的；换言之，幼儿的发展绝非是从全无至全有、立即跃进的状态。发展学家或教育家虽将发展分成数个阶段，然而后一阶段的发展是建立在前一阶段的发展基础之上的。例如以动作发展而言，卧于摇篮中的婴儿绝不可能在一夕之间突然跑步，婴儿一定是先会坐起后，才会开始爬行，其后才能站立走路，最后才发展跑步能力；再以语言发展而言，婴幼儿一定会历经喃语期、牙牙学语期的电报式字句，才有可能说出完整的句子；再就数学能力发展而言，在儿童正式算数发展之前，通常会先经历"非正式算数"（Informal Arithmetic）期，即以自己最直觉、最具体的计数方式表现加减算数能力（周淑惠，2000）。

而正在渐序发展中的幼儿是脆弱的，在生理上有强烈的保育需求，如生活自理能力的训练，餐点营养、体能运动与午休静养的需求，干净整洁与安全防护的环境等；在心灵上有被呵护、关爱、建立自信，以及表达与发泄强烈情绪的需求；在心智上则有游戏探索、满足好奇与发现答案的需求。以幼儿园为例，它充满刚离开家庭且正在渐序发展中的混龄幼儿，在学习环境规划上，如何包容与促进这些不同幼儿的发展与需求，成为重要课题。我们以为这样的空间应类如家庭的感觉，强调情绪的安定，让幼儿从家衔接到学校的过程不致太过激烈（Jalongo et al., 2004），而且也注重儿童身心各方面发展与需要。就此而言，一个强调安全、温馨、整洁有序，显现物理环境层面与人际心理层面的和谐美感，让幼儿足以感受身心安定、舒适，以及强烈反映保育需求的"如家似的多样机能性空间"（如提供餐饮、如厕、午休、保健、游戏、探索等）是极为必要的，有助于幼儿健康、安全且自信地全方位成长。Curtis 与 Carter（2005）所言甚是，儿童应该被柔美、温馨、舒适、秩序、安全与健康的环境所包围。

（四）个别差异性

俗话说：百种米养百样人，你、我、他皆不同，人的发展虽有共同规律，也充分显现个别差异性。无论从后皮亚杰学派的"特定领域"（domain specific）观点言之，或从"多元智能"角度论之，每一个个体发展在其各个特定领域内是非常不同的，每一个人均有其强势智能与弱势智能，表现极大的个人内在差异性；而每一个个体在综合数个不同层次的发展领域的交互作用下，不同个体之间的变异性则更形拉距。

幼儿间既有个别差异性，教学与环境规划如何满足多元差异的需求，进而激发个人潜能，成为重要议题。Steels（2003）在《未来的学习》一书中将"个别化教育"列为未来学习的六项重要声明之一，充分反映其重要性。就此个别差异性与需求而言，一个幼儿园强调开放与自主的学习空间，例如活动室内具可自由选择与探索的各种兴趣区域，如语文区、娃娃家、益智区等，幼儿可按其兴趣、能力自主活动；户外游戏场亦具有反映全人发展的多样游戏区域，如组合游戏结构区、骑乘区、自然种植区、沙水区、草坪嬉戏区等，幼儿可按其喜好、状况自由游戏；以及园内具能反映多元差异的大小空间，如个人可独处的隐秘角、观察区与大团体集会区等，似乎是较能符合幼儿个别性需求的学习环境。

二、幼儿学习特性与需求

（一）具体经验性

幼儿的学习是非常具体的，也是非常具有经验取向的，经验是开启知识的大门，例如，以大积木搭盖城堡体验空间与力的平衡，亲手种植菜籽并观察其成长与生命周期，挖土引流感受水的压力与特性等经验，均有助于知识的建构。Piaget 将人的一生划分为感知动作期、前运算期、具体运算期与形式运算期等四个阶段，基本上处于前运算期学前幼儿的思考是偏向具体性与经验性，较无法做抽象思考，因此，强调大量动手操作、动身体验（hands-on）的活动是很重要的学习方式。Bruner 认为概念理解有三个层次，"操作层次""视觉层次"与"符号层次"（Heddens & Speer, 1988; Post, 1988），学前幼儿必先操作具体实物或亲身体验，以获得充分经验，发展概念，进而提升至以抽象符号表达概念的层次。我们都知道儿童的经验与游戏是分不开的，在动手操作、亲身体验的愉悦游戏形态中，学习自然产生，游戏可以说是幼儿的第二生命；而儿童的游戏权确实在当今世界各国中日益受到重视，它不仅"重大如天"，而且也"广大如天"——游戏天地是没有限制的，将于下章陈述。

幼儿既有操作、体验的游戏性需求，而且其游戏方式与类型也颇具多样性，如建构游戏、练习游戏、有规则游戏、平行游戏、独自游戏等。就此而言，一个幼儿园强调多元性与开放性的游戏空间设计，是极为必要的。例如为回应幼儿的个别差异性，上述活动室内设有各种兴趣区域以及户外游戏场具有各类游戏区域的开放空间均属之；其实整个园的庭园、廊道等都应是开放可供幼儿游戏的，甚至幼儿的体验与游戏可以延伸至园外社区的广大空间，与社区融为一体，呼应幼儿的文化情境性与社区共生理念。

（二）探索建构性

"为什么跷跷板会翘起来呢？""为什么新种的种子没有发芽呢？""为什么影子是黑黑的呢？"幼儿天生好奇，在平日生活中看到或听到各种现象，就会不断地自然发问"为什么"，充满千万个为什么，并且一路追问到底，以满足其好奇心。正因为好奇心驱使，幼儿也会对周围环境不断地触摸探索，一窥究竟，试图发现答案，所以幼儿不但是个"好奇宝宝"，而且也是一个探索者与"知识建构"者。笔者在《幼儿自然科学经验》一书中曾提及学前幼儿是个探索者、思考者及是一个完整个体所组成的"小小科学家"，即为例证，他和科学家一样也会使用科学探究的方法，如观察、预测、推论、沟通等科学探究能力，只是有时并不自觉，并且比较缺乏系统性而已（周淑惠，1998）。认知心理学家 Piaget 明白指出个体在认知上具有同化、顺应的功能，会试图自行解决认知上的冲突，使个体在心智上不断成长；而且诸多研究也证明幼儿是个知识建构者，例如幼儿会从直觉经验中建构"非正式算数"，以及从前后文与图的线索中建构文章的大意等。

儿童既有活跃的体能、鲜活的想象力、学习的驱动力与探索的欲望，这对我们在思索"如何提供机会让幼儿感受身体与心智的力量"时，形成极大的挑战性（Curtis & Carter, 2005）。因此，幼儿的课程与环境必须留给他充分探索与建构的空间，上述的多样性与开放性空间即能符合其探索建构需求。而在另一方面，正因为其好奇心、探索性，易导致安全事故的发生，因此，它必须也是一个注重安全防护的开放学习空间，让幼儿得以专心与安全地探索。此外，这样的开放性空间也必须讲求弹性，因为弹性的空间可以让幼儿因其探究建构需求，而加以机动调整与改变。

综上文化情境、全人发展、渐序成长、个别差异、建构探索与具体经验等幼儿特性与需求，笔者曾提出一个强调探索、建构、游戏与鹰架等特性的"主题探究课程"，似乎是较为符合幼儿特性与需求的课程与教学（周淑惠，2006）。而就学习环境而言，笔者认为一个"类如家庭般安全、温馨、整洁，而且强调游戏探索与社会互动的多样机能与开放学习空间"，似乎是较能反映幼儿特性与需求的学习环境；此一开放学习空间的特性是具多样性、探索性、互动性、安全性、温馨性与弹性，满足了以上幼儿的各种特性与教保需求。在此值得一提的是，开放性的学习空间是建立在安全性的基础之上，没有安全防护，遑论开放，唯有在安全的环境中，幼儿才能尽情探索、学习与渐序发展。

具体而言，幼儿生活于整个大的文化社会中，通过游戏、探索与社会互动而学习，因此我们在规划幼儿学习环境时，要呈现此一游戏、探索与社会互动的教育理念（呈现理念、意涵）。其次，他不仅有游戏中学习"认知"上的需求，亦有多种生理保育及"技能"发展上的需求，因此我们在规划幼儿学习环境时，要提供满足多样生活、游戏与学习需求的机能（发挥机能作用）。此外，他还有享受温馨被呵护、整洁有序"情意"方面的需求——在"心理精神层面"显示爱与包容的人际和谐，以及在"物理环境层面"呈现定位、可预期与元素间和谐共生的美感，这是幼儿特别需求与强烈感受的美感（形塑和谐美感）。因此我们在规划幼儿学习环境时，要以此情意需求为念，营造如家般温馨、安全、整洁有序的心理与环境面向的和谐美感。总之，从幼儿的发展、学习特性与需求而言，对于幼儿学习环境的规划，我们主张一个有如家庭般安全、温馨整洁，而且重视游戏探索与社会互动的多样机能与开放学习环境。图 1-2-1 即以图形综合显示此一开放学习环境的衍生推论。

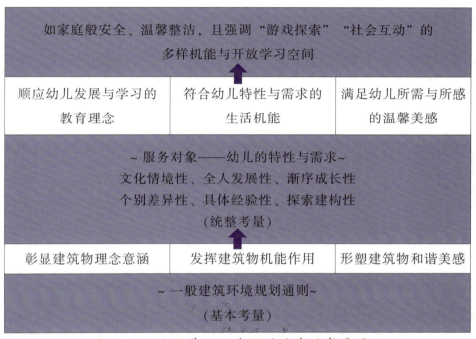

图 1-2-1 幼儿学习环境规划的基础考量图示

第二章

幼儿学习环境规划的新近浪潮

第一章论述幼儿学习环境规划的基础考量，包括统整一般建筑环境规划通则以及幼儿特性与需求考量。从另一方面而言，时代不断地在进步与改变中，一些新的思维或趋势也必须纳入规划幼儿学习环境的考量中，本章节则专注于影响幼儿学习环境规划的新近浪潮，将从四个层面来论述这些新势浪潮：（1）儿童权利层面——日受重视的儿童游戏权；（2）幼儿教育层面——当代幼教理念与趋势；（3）环境行为理论与研究层面；（4）未来社会生活层面。

第一节　儿童权利层面——日益重视的儿童游戏权

学者指出儿童是在游戏中成长与学习的，"游戏中学习"不仅反映幼儿教育重要理念与趋势，而且近年来世界各国也普遍重视儿童的游戏权。我们认为儿童游戏天地不仅"重大如天"，而且也"广大如天"（周淑惠，2001），建立一个游戏探索性学习环境，而且形成一个全面性网络是一个新的愿景。

一、儿童游戏天地"重大如天"——还他快乐童年

我家门前有小河，后面有山坡。

山坡上面野花多，野花红似火。

小河里，有白鹅，鹅鹅戏绿波。

戏那绿波，鹅鹅快乐，昂头唱新歌。

走！走！走走走！

我们小手拉小手。

走！走！走走走！

一同去郊游。

白云悠悠，阳光柔柔。

绿山青水，一片锦绣。

走！走！走走走！

我们小手拉小手。

走！走！走走走！

一同去郊游。

今天天气好清爽，陌上野花香。

青山绿水绕身旁，小鸟声声唱。

四方好友相聚，语多话又长。

野外共餐多舒雅，彼此祝安康。

你还记得这些儿歌吗？你可以在现实生活中找到这样的情境吗？似乎这样的情境已逐渐离我们远去，只能在梦中或在模糊的记忆中，似有若无地浮现着小河、山坡、野花、白鹅、白云……以及那快乐嬉

戏的意境。究竟是什么原因让游戏的园地与快乐游戏的童年留在尘封的记忆中呢?

　　近年来有许多学者开始著书论作,警示我们快乐童年逐渐消逝、不复存在的现象,提醒世人设法补救。例如 Postman(萧昭君译,1996)的《童年的消逝》(*The Disappearance of Childhood*),即控诉人类的童年由于受到诸多因素的影响,尤其是传播媒体的渲染与肆虐,结果儿童逐渐成人化,与成人的差别愈来愈模糊,可以说人类的童年正像恐龙一样,迈向绝迹的命运。再如 Elkind(1988)在《*The Hurried Child*》一书中数落着人类几乎从幼小阶段一直生活于父母"望子女成龙凤"心态下,以及学校重视学业成绩与电视媒体宣扬不当内容的压力下,被催促着长大,揠苗助长的结果造就了许多心力交瘁的压力疾病症状,致使童颜萧瑟、不再欢乐,快乐童颜不复存在。的确,一般社会大众多对"游戏"抱持着负面的态度,认为它与孩子的课业或工作相悖,深信"业精于勤,荒于嬉",嬉戏会荒疏课业、工作。

　　童乐现象的消逝,不仅是如上所列举的软件因素所致,而且也来自硬件游戏环境的流失,诚如 Nabhan 与 Trimble(陈阿月译,1996)在其《童年沃野》(*The Geography of Childhood*)一书中指出,因当今儿童的"游戏权利"并未被保障,儿童已逐渐失去嬉戏的野地,失去童年沃野是时势所导。Rivkin(1995)也在其《广大的户外:保留儿童户外游戏权》(*The Great Outdoors: Restoring Children's Right to Play Outside*)一书中,譬喻儿童户外嬉戏的稀少情景,已如同水于阳光下被蒸发得无影无踪一般。而游戏硬件空间日益流失乃导因于人口增、建筑兴、交通盛,致使儿童在街道上与车辆争道;又因科技发展致使环境污染,适宜的游戏环境愈发稀少;再因世风不古、社会乱象丛生,基于人身安全顾虑,导致教师、家长愈来愈把儿童圈限在局促的住家或学校中。诚如日本知名游戏专家仙田满（侯锦雄、林钰专译，1996）所言：儿童应享有健康快乐的童年天赋，但他却受到各种形式的迫害，且毫无选择，没有说不的权利。

针对以上现象，若欲还给儿童快乐的童年，我们认为必须从软、硬件双方面着手。首先在硬件上，政府有关单位与民间团体必须秉持"儿童的游戏权有如成人言论自由权般，应该被尊重"的信念，还给儿童有品质与相当数量的游戏实质空间；并将这空间规划组织成一个安全无虞、便捷使用的"全面性游戏网络"（将于本节第三部分介绍），让各年龄层儿童可以依其所需与交通状况，自由选择各类型的游戏环境，而且是在不用担忧安全的情况下，悠游自在地探索游戏。其次在软件方面，家长、教师必须珍视快乐童年，摒除揠苗助长心态，以"游戏"此一解药还给儿童快乐的童年；当然电视媒体也需净化煽情、暴力与价值扭曲的内容，并且宣扬童年的重要、游戏与"游戏中学习"的价值。

不仅学者著书警示童乐现象消失与提出重视游戏软、硬件建议，儿童游戏权确实愈来愈受到国际社会的重视。国际儿童游戏权协会（The International Association for the Child's Right to Play，简称 IAP）曾于一九七七年提出《儿童游戏权宣言》；一九八九年联合国大会所通过的《儿童权利公约》也宣称儿童拥有游戏等权利（引自陈淑敏，1999），游戏之于儿童的重要性自不在话下。

在历史轨迹中确实逐渐显示世人对游戏的重视。给予游戏正向肯定始于十八世纪的思想家卢梭，在其《爱弥儿》一书中描绘了让儿童自由游戏的美景；其后，十九世纪的福禄贝尔、蒙特梭利相继提倡游戏的实用价值，并特别设计了福禄贝尔"恩物"、蒙氏操作性教具，供幼儿游戏。学者对游戏的研究也由第一次世界大战前的古典理论进入当代游戏理论，这些理论乃各从不同层面去探讨与阐释游戏的精义，有些探讨游戏的缘由，有些探讨游戏的过程，有些则探讨游戏的影响结果，或者是涉及多方面的探讨。

近年来举世儿童教育专家莫不强调游戏与儿童发展的重要关系，如著名的儿童游戏专家 Johnson、Christie 与 Yawkey（郭静晃译，1992）、Frost（1992a），以及 Frost 与 Klein（1979）皆曾归纳游戏可以增进儿童的各项发展，如情绪与社会发展、认知发展、语言发展以及体能动作发展等。台湾幼儿教育学者陈淑敏（1999）曾整理分析各项实证研究，亦发现游戏与儿童的发展有关，如动作技能发展、认知发展、语言发展、情绪社会能力与社会认知发展。动作技能包括体能、知觉动作与移动技能，认知发展包括智商、保留能力、问题解决能力、创造力等，情绪与社会能力包括情绪、去自我中心、观点取代能力。笔者以创造力、解决问题能力为例说明游戏的价值，大家一定常见孩子在扮演游戏中（扮家家酒），会把大纸箱当桌子使用，小雪花片当菜般来炒，积木桶当头盔戴，将木棍加以连接以取难够之物等情节或戏码，均是游戏中发挥创造力、想象力与解决问题的实例。另外，在扮家家酒时，孩子们也会沟通、讨论以协调角色的演出，并尽量逼真融入扮演的角色中，这样的互动演出，必须顾及他人观点与角色人物想法，提供大好的语文练习与社会互动机会，促进语文与社会能力的发展。简言之，游戏的确能激发儿童各方面的发展！

综合上述，历史趋势、学者专家与当代国际社会均认可游戏与游戏中学习的重要性，以及儿童的游戏权是应该被尊重的。笔者举游戏中学习实例说明其重要性——享负盛名的诺贝尔物理奖得主、科学奇才费曼（Richard P. Feynman）博士，自幼即是在游戏不羁的情境中成长学习，陶冶其好奇、热情的求知探究个性，造就此位科学顽童其后一生的丰伟成就，此乃"游戏中学习"的最佳写照；谁能想象费曼还是个森巴鼓手、猎艳高手，曾在赌场与职业赌徒研究输赢概率呢！走笔至此，在童颜日渐萧瑟的今日，社会大众的确应该好好深思"如何在软、硬件上还给儿童快乐的童年"。就此而言，在硬件上以童年视野创造一个可以游戏探索的弹性开放空间（Curtis & Carter, 2005）；在软件上应该祭出"游戏"解药，让儿童在"游戏中学习"。让我们一起为"童颜不再萧瑟""儿童游戏权应受尊重"而请命吧！

二、儿童游戏天地"广大如天"——海阔天空任遨游

"海阔天空"象征超越疆界、宽广豪阔的场域，"任遨游"意谓随心所欲、自由自在地探索与徜徉；"海阔天空任遨游"即在诉求：儿童游戏天地"广大如天"也，意即大自然天地之下的任何空间均是儿童可以探索与游戏的场所。根据 Bronfenbrener（1979）的生态系统论，清楚描绘个体与其周围各层级环境系统间（如家庭、学校、邻里、社区、广大社会等）的密切关系。换言之，"家"孕育了小生命，毋庸置疑，它是儿童首要的游戏与成长的天地，但是家外别有天地，家门外的许多场域，也皆是儿童重要的游戏与成长环境。在现实生活中，儿童是无处不玩的，在公园中、街道边、巷弄里、户外游戏场、市集与博物馆等到处均可见游戏嬉乐的儿童们。因此，接续前文所揭示"游戏中学习"的奥妙，儿童的游戏与学习应不再囿于课室桌椅方圆之内，所有的校园户内外空间、大自然环境与人为建筑环境，如通往世界之门的博物馆、美术馆等，均可以是游戏与学习的场所，甚至公园、游乐园、市集也是儿童游戏、学习的重要地点。此即呼应开放教育重要精神之一——空间开放也，学习空间必须是开放不受羁限的，让儿童尽情地探索与学习。

学习应不囿限于教室，游戏中学习可延伸于校园户外空间与游戏场（Cronin-Jones, 2000;Fox, 1997;Kamii & Devries, 1993;Sommerfeld &

Dunn, 1988）；诚如 Kamii 与 Devries（1993）所指，学前幼儿可在户外游戏场学到广泛大量的基础物理经验。就此而言，我们以为 Frost 与 Dempsey（1990）所言甚是：我们应将户外游戏场视为一个学习环境，教师在规划户外环境时，必须与规划户内环境同等地用心。

此外，游戏中学习也应延伸至校园之外，事实上，许多教育家与课程学者早已提倡在教学上运用校园以外的场所，如公园、植物园、动物园等，甚至是世界之窗与万花筒的博物馆。举例而言，当今著名幼教课程模式皆非常强调幼儿与外在环境互动的开放学习，例如，河滨街模式（Bank Street Model）与方案课程（Project Approach）等均非常注重亲身体验，让幼儿走出教室探索周围环境而学习，往往一个"方案"或一个"主题"可以让小朋友徜徉情境中（如鞋店、河边、市街、山洞、剧院、喷泉等），专注探索许久，真是"海阔天空任遨游"也，任何地方都可以是学习场所的最佳写照。再如著名的"多元智能之父"Gardner 就非常重视博物馆，他认为各种各类的博物馆（如自然历史、美术、科学、儿童等）均能提供有趣、有意义的展览与"真实性的学习"（authentic learning），尤其是互动操作式的儿童博物馆。

综上所述，儿童的游戏与学习场所除教室与住家外，就在日常生活周围，俯拾可得，它远可及于天涯海角之山林野地与湖海，近可位于教室外之户外游戏场或住家附近的街道巷弄。可以说任何的"大自然环境"如山丘野林、水塘溪湖等；"半自然环境"如城市纪念公园、运动休憩公园、海洋育乐公园等；"社会建筑环境"如博物馆、图书馆、文化活动中心、主题乐园、教育资源中心等；甚至街道、市集、巷弄、超市等处处皆可以是儿童游戏与学习的场所。因此，本书特别呼吁：儿童的学习环境在安全无虞下，应是开放延伸于校园之外的各种非正式学习情境——即由教室拓展至校园户外游戏场，以及校园之外的任何自然环境、社会环境与建筑环境。

　　除了硬件空间外，更重要的是，一个高品质的幼教课程与教学应该尊重幼儿自然的游戏式学习形态，提供其相关经验，而非强施以严格无聊的精熟学业知识的教学方式（Jalongo et al., 2004）。然而，在笔者的研究（周淑惠，1997）与历年来的访视与评鉴经验中发现，台湾多数幼儿园的课程与教学严重缺乏动身体验、游戏探索的活动。更甚的是，学习地点只局限于教室方圆之地，即使有户外场地，其运用也极为有限，户外场地多半沦为下课短暂休憩与分科体能教学所用（吴怡儒，1998），鲜少将户外探索经验与原有主题课程结合。虽偶有实施校外教学，但究竟是屈指可数，更遑论运用广大的园外其他游戏环境。令笔者相当困惑的是：目前有不少幼儿园的硬件空间皆很宽大，甚至像花园般美丽，幼儿却整天待在室内上课，实在是浪费了大好环境。

　　总之，儿童游戏天地"大"如天，在国际社会普遍意识游戏重要性与游戏软硬件流失下大力呼吁重视游戏权的今日，我们应积极端出"游戏"解药，运用广大游戏天地，强调"游戏中学习"，不仅让童颜不再萧瑟，而且让"童年能再成沃野"。

三、全面游戏与学习网络新愿景

　　我们不仅要尊重孩子的游戏权，还给孩子游戏空间，而且也要善加规划，注重游戏与学习品质。然而更重要的是，为了儿童更大福祉，应设法将所有的游戏与学习资源联结，组成全面游戏与学习网络。Cohen、Hill、Lane、McGinty 与 Moore（1992）在其所著《儿童游戏区域的建议》报告中曾指出：所有的环境都是儿童游戏的处所，皆须研究与设计，并主张以住家后院（游戏区）或住宅四周街道为基础向外延伸，提供连接小径，串联各类游戏场地、公园等，以建立一个能多元选择的游戏与休闲"层联式公园系统"（a tiered and linked park system）（图 2-1-1），并联合其他游戏与学习的资源，形成一个全面性"游戏网络"（a network of play）（Cohen et al., 1992）。层联式公园系统顾名思义有好几个层次，第一层可能是以自然资源为取向的地区大公园，第二层可能是村镇公园，第三层可能是邻里公园，第四层可能是社区公园，第五层可能是社区大游戏场，第六层是社区小游戏场，以及最里层的、最常被儿童使用且在孩子住家四周的游戏区域。此一层联式公园系统不仅有如上几个层次，而且是层层间以连接步道（links）相连；连接步道是联结整个层联式公园体系的重要元素，孩子可以安全快乐地在其上走路、慢跑、骑脚踏车，依年龄与兴趣自由选择想去的各层级游戏区域。

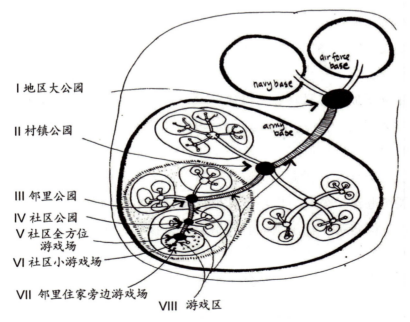

图 2-1-1 层联式公园系统（本图取自 Cohen et al., 1992）

因此，在 Cohen 等人所指的层联式公园系统中，儿童的游戏网络是从最内层的住家附近（游戏区），一直往外辐散扩大：社区小游戏场 → 社区大游戏场 → 社区公园 → 邻里公园 → 村镇公园 → 地区大公园。较小幼儿可安全地在住家附近或步行可至的社区小游戏区玩耍，较大幼儿可以步行或骑车至较远的大游戏场、公园游戏。而一个全面性游戏网络除层联式公园外，应可广纳各博物馆、幼儿园（开放社区民众使用）、社区活动中心、乡镇文化资源中心等；甚至包括本身亦自成完整系统的"儿童托育资源网络"（整合各类儿童托育中心或幼儿园）。如此可进一步将游戏网络、托育网络与其他文化服务网络统整成一个全面性的"游戏学习网络"。若能如此规划设计，我们的孩子就大大有福了。

依此考量，一个社区在发展之初就要把孩子放在心上，预先规划游戏区、托育中心或园所，并将其与住宅区、社区活动地点整合；而政府在规划城市建设，兴建公园休闲、文化服务设施时，亦要考量幼儿与全民之需，必须做整体性规划，调查分析现有公园、游戏区、活动中心等，以及托育中心或幼儿园的分布情形，将新建的与原有的游戏学习场所加以串联整合，以建立一个安全、便捷与多元选择的儿童游戏学习网络。此一全面游戏学习网络的概念与台湾学者胡宝林（1999）将"社区共生"的理念运用于托育机构游戏空间设计，有一定程度的契合性；托育机构游戏空间在社区资源共生理念下，可将空间拓展至巷道、公园、广场及其他人文与自然资源，其"游戏巷"的主张即试图将被车辆填满的巷弄清空，供孩子游戏。不过 Cohen 等人（1992）的全面性游戏网络则更进一步地将儿童游戏空间连成网络，它具有系统性、多样性、安全性、便捷性等几项特征。

我们认为，不仅儿童，家长与民众也需要这样一个大的游戏与学习网络体系。若能顺利连成网络体系，亲子可以配合自己的需求，从住家附近的游戏区、游戏巷道，近至社区的游戏场、小公园，远至村里公园、乡镇公园，甚或城市公园、动植物园等，自由选择游戏；而且安全无虞地尽情嬉戏，以促进个体健全发展与亲子互动关系。此外，亦可近从社区的图书室、活动中心、托育中心，远至乡镇、城市的社教馆、育乐中心、博物馆、文化中心等学习空间，自由浏览使用；而且温馨地享受学习社群，以满足知性需求与亲子关系。

儿童游戏天地既重大也广大如天，在世界各国日益重视游戏权的今日，为满足幼儿的游戏与学习需求，让童颜欢乐逐开，重视游戏空间规划，乃为当务之急。在此深深期盼政府有关部门能真正以儿童为念，重视儿童的游戏权，制定相关法规或政策，早日规划与整合一个安全的全面性游戏网络，甚至是全面性游戏与学习网络；同时也希冀幼教相关机构如幼儿园等，能秉持游戏中学习理念，在软、硬件上尽速实现游戏、探索中学习的境界，还给儿童游戏的权利与空间。

第二节　幼儿教育层面——当代幼教理念与趋势

　　一般建筑环境的规划要彰显建筑物存在的意涵或理念，相对地，幼儿园或幼儿建筑物的规划，基本上是要反映该幼儿园或建筑的幼儿教育理念，本节旨在检视当代幼儿教育理念与趋势对幼儿学习环境的可能影响或呼吁。首先从主流趋势"交易互动论"谈起，再论及重要的"建构论"精义，最后论及当代"社会建构论"趋势。

一、交易互动论缘起

　　有关儿童发展理论，自古以来即有三大派别：预定论（Predeterminism）、环境论（Environmentalism）与交易互动论（Transactionism），此三大理论最大歧异点在于对环境与遗传因素对人类发展的影响程度有不同看法（Day，1983）。近代学者大都持交易互动论，强调人类发展是个体遗传与环境互动的一个反应效果，如皮亚杰、蒙特梭利、杜威等人的立论皆是；虽然各家对于理论转化为实务的见解有些出入，"准备一个让孩子可以与环境互动，参与知识建构的过程"，是共趋一致的做法，倡行多年的开放教育亦植根于交易互动论，是交易互动论在教育上的具体落实之一。

　　在此举开放教育说明交易互动论的主要精神。开放教育的重要理念包括：（1）以人为本；（2）强调爱与信任；（3）尊重个别差异性；（4）推崇民主与平等观；（5）培育积极、快乐与正向自我的人格，甚于智能（王克难译，1944；卢美贵，1991；魏美惠，1995）。笔者以为开放教育最大的特征是心灵开放，正因为心灵是开放的，以人为本，尊重个体的自主权、自由权与个别差异，所以在教学实务各方面方能落实开放不加限制，如时间开放、教材开放、空间开放等。基本上实施开放教育的学校，在教学上非常强调游戏、探索，没有结构化的课堂，创立夏山学校的尼尔（A. S. Neill）指出，学校是自由的，读书应放在游戏之后，学生需要的是工具、泥巴、运动、自由等（王克难译，1994）。

开放教育特别重视空间的开放，学童的学习空间不受限制，不仅在教室中可按个别兴趣与能力选择兴趣区域（俗称角落或学习区），自主学习，在园内任何空间与园外空间也均是开放的。进一步而言，开放教育深信环境必须是开放无所局限的，让幼儿可以自由探索，而且环境也必须是丰富多元值得探索的；所以教室兴趣区本身与其中的教材、教具是随教学主题变化不时更换的，而教室户外空间也是具有多样可变性，以营造一个能邀约幼儿探索、游戏的环境，它确实呼应交易互动论强调个体与环境互动据以发展的立论。

不可讳言的是，交易互动论与基于交易互动论的教学，仍深深影响着目前的幼儿教育。一九八六年美国全国幼儿教育协会（NAEYC）发表"适性发展的幼儿教育教学实务"（*Developmentally Appropriate Practices in Early Childhood Programs*，简称 DAP）（Bredekamp, 1987），也是基于交易互动论，笔者（2002）曾于《幼儿教材教法——统整性课程取向》一书中分析其在教学上具体的策略为：（1）准备丰富的学习环境，让幼儿从中选择、探索，并与人、事、物互动；（2）提供与教学经验有关的具体学习活动；（3）教学活动应包括个别（意指兴趣区）小组与团体活动。其对学习环境的着重与影响，昭然若见。

二、建构论精义

皮亚杰的建构论是交易互动论在教育上的重要彰显理论，以上 DAP 亦深受建构主义的影响，认为幼儿是通过与外在环境互动、自主建构而学习的。笔者（2006）于《幼儿园课程与教学——探究取向之主题课程》一书中将建构论譬喻为"发现乃论"，因幼儿会在环境中积极探究，为自己发现答案、建构知识，此乃相对于传统教学中教师不断灌输的"告诉乃论"。根据皮亚杰的"动态均衡理论"（the Equilibration Theory），认知发展是一种个体在环境中为解决认知冲突，通过同化、顺应两种作用，以达均衡状态的内在自我规制的过程（Ginsburg & Opper, 1988；Piaget, 1970, 1976）。笔者在第一章第二节即指出幼儿发展与学习特性之一是探索建构性，而建构教学的"幼儿观"即是把幼儿视为知识建构者，是一个能通过同化、顺应，解决认知冲突而学习的有机个体。换言之，儿童有不矛盾自己的一个内在需求，当外在资讯与内在既有认知结构有异时（矛盾产生），儿童会改变自己的认知架构，建构新的看法以消除矛盾，于是学习自然产生（Forman & Kaden,1987）。

建构教学的"知识观"是把知识视为一组关系，新获得的知识必须在现有认知结构中寻找定位与关系，与幼儿原有知识体系整合成一个新的系统。而建构教学的"学习观"则是认为人类是借"省思"自己的"操作行动"（to reflect on his own action）而学习的；换言之，人类知识的获得是一个活跃的过程，知识是建构的：了解一项东西是要去操作它并转换它，儿童必须"变换"（transform）物体的状态，并观察、省思物体变换所引起的改变，才能获得知识（Piaget, 1970, 1976）。例如儿童一定要亲自以各种力度拍打过皮球，观察皮球的不同弹跳高度，省思自己的施力度与皮球弹跳高度间的关系，才能体会"当自己越用力拍时，皮球则弹得越高"的道理。就此而言，建构论的教学应强调幼儿的手动（动手操作、亲身体验）、心动（动心思考、解决问题）以及他动（相关事物皆配合牵动，如球的自由取用、不同种类的球的提供等），以利发现答案、解决问题或建构知识，而非被动地坐等他人灌输知识（周淑惠编，2002）。综而言之，DAP 与建构论在教学上的重要主张简示如下：

（一）教学目标——培育完整幼儿

（二）教学内容——实施统整课程

（三）教学方法——让幼儿在丰富环境中探索、建构

（四）教师角色——促进者与支持者

三、社会建构论趋势

近年来维果斯基的社会文化论（Socialcultural Theory）掀起风潮，该理论指出，人本来就生存于整个大社会文化情境中，其学习与发展深受社会文化情境的影响，无法与社会文化分割。因此社会文化论在教育上的运用又被称为社会建构论，认为儿童知识的建构是在整个大社会情境下，通过与成人互动一起建构、共同学习的。

申论之，依维果斯基"心智生活是源之于社会"观点，高层次的心智功能源自社会与社会互动的结果，其发展乃经过两个层次，初始于社会互动层次，末终于自我个人内在层次（Vygotsky, 1978）。亦即我们的认知是社会化的建构与共享，都是从社会与文化的情境中产生的，是"情境化的"（cotextualized），从社会文化的活动与经验中萌发（Berk & Winsler, 1995），深受社会文化的影响。然而要让资讯、知识或技能由社会互动层次移转至内在思考层次，社会中的成人与儿童间必须创造共同的焦点，称之为"相互主体性"（intersubjectivity），或"共享的理解"（shared understanding）：即如字面之意，对话的参

与者，必须努力抓住他人的观点，达到心灵交会的境界。而在社会互动共享理解的过程中，对话者除要有亲密的关系外，语言沟通扮演了重要角色，它可以说是社会与个人内在心智间的重要桥梁（Berk, 2001），是一个主要的心智工具；简言之，语言之于心智的作用，有如机械工具之于身体一般（Bodrova & Leong, 1996）。综上所述，社会文化层面既对儿童发展与知识建构扮演举足轻重的角色，因此个人必须与社会紧相联结，以为未来能力与自主发展铺路准备（Berk, 2001）。

维果斯基对儿童的发展除提出社会文化的影响性外，又揭示了"最近发展区"（Zone of Proximal Development，简称ZPD）的概念。他认为运用ZPD的概念，成人可以引导儿童向前发展、成熟与自主。所谓最近发展区是指：一个儿童现在实际心理年龄层次，与在他人协助下所表现解决问题层次，二者之间的差距区域（Vygotsky, 1986）。具体而言，在最近发展区段中的能力，是目前尚未成熟，仍在胚胎状态，但却是在成熟的过程中，在明日即将发芽结果的能力。例如儿童在发展正式科学概念之前，会具有一些自发的科学概念（周淑惠编，2002）；在发展正式数学概念之前，会拥有一些非正式算数（周淑惠，2000）。对维果斯基而言，教育的目的就在于提供落于孩子发展区间内的经验，这些活动虽具有挑战性，但却可以在成人引导下完成（Berk, 2001）。在这样的论点之下，教学不仅符合儿童目前现有的发展观点，而且也在创造儿童的最近发展区，提升其认知发展层次；亦即教学唯有在发展之前，唤醒并激发生命中正在成熟中的功能，才是好的（Vygotsky, 1978）。综上所言，儿童的概念发展与其他各项发展既有最近发展区间存在，教师应如何帮助儿童向前发展，成为教学上所关注的重大课题；维果斯基（1978）则深信成人引导或与能力较强同伴合作确能提升心智发展，引发后来学者提出"鹰架教学"的譬喻主张。

简言之，社会建构论有四项基本精神，即在课程与教学上有四项重要原则：知识是探索建构的、师生共同探索建构、搭构引导鹰架、运用语文心智工具，图 2-2-1 即显示社会建构论与其四项原则。处于社会人群中（周围各个小笑脸）的幼儿（图中的大笑脸），通过语文心智工具的媒介，与周围人们互动、共构知识，逐渐形成内在心智。四项教学原则已经在笔者（2006）的《幼儿园课程与教学》一书中有详细的说明，在此不再赘述。在社会建构论下，我们提倡"主题探究课程"，它深具探索性、建构性、鹰架性、游戏性与统整性。

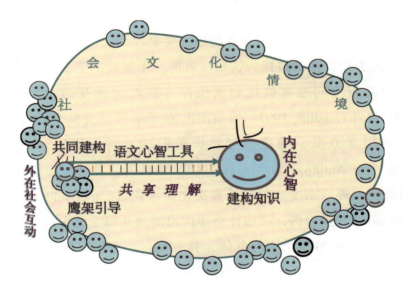

图 2-2-1　社会建构论示意图

因此，社会建构论与建构论最大的不同点在于建构论强调幼儿与环境互动，而社会建构论不仅强调幼儿须与环境互动，更重要的是与环境中的成人、同伴互动。诚如 Fleer（1993）所指：建构论重点是置儿童与物理环境互动，活跃地为自己建构知识；而社会建构论重点是置儿童与成人共同工作，强调成人与较有能力同伴为其搭构发展与学习鹰架，因此笔者将之譬喻为"鹰架乃论"。基本上，社会建构论认同幼儿是一个建构者，但必须是在整个社会文化情境下与成人共同的建构；它也认同知识是一组关系，必须通过与环境互动而学习，新的知识是与幼儿既有知识体系整成一个系统，但它更强调在大的社会情境下与学习社群共享、共构知识。综合言之，社会建构论在教学上的重要主张简示如下：

（一）教学目标——培育完整幼儿

（二）教学内容——实施统整课程

（三）教学方法——师生共同探索建构、学习扩展于整个社会情境

（四）教师角色——引导者与搭构鹰架者

正因为社会互动被视为认知发展的一个重要部分，实施社会建构论的幼儿园空间通常被规划成能促进彼此交流互动之处。Rinaldi（1990，引自 Gandini，1993）曾指出："孩子必须感受整个学校的空间、教材与探索方案，是重视与维护他们的互动与沟通。"Malaguzzi（1996，引自 Nutbrown & Abbott，2001）也认为："环境应作为一种反映想法、伦理、态度、与当地人文化的水族馆。"以举世闻名的意大利 Reggio 幼儿园为例，实施社会建构论的幼儿园空间大致上有几个重要特性：（1）尊重个人与群体，具有大、小空间且与外界相通、适宜人居的"整体柔软性"（overall softness）；（2）强调丰富感官刺激与尊重不同感受的"多元感受性"（multisensoriality）；（3）珍视研究、实验，是一个实践建构主义场所的"建构知识性"（constructiveness）；（4）强调各种不同元素交互作用，产生动态平衡和谐美的"丰富常态性"（rich normality）（Ceppi & Zini，1998）。

整体而言，Reggio 幼儿园通常是很明亮的，阳光充足，有落地大窗，或者玻璃隔墙，显示社群感，而墙面大多为白色，环境中的彩色是幼儿的各样表征作品；另外有许多大小不等空间，方便小组互动、大团体集会与个别独处。基本上，Reggio 幼儿园的环境空间充分显示

是支持儿童社会互动、探索与学习的一个场所，最明显也最特别的是集会广场（Piazza）的设置（图2-2-2），它是幼儿分享游戏与会谈交流之所；而贴于广场的"档案纪录面版"（documentation panel）捕捉幼儿丰富的建构历程与发现，以及教师的分析，不时地向社区成员与家长沟通孩子的学习与成长情形，其陈列布置充分显示园内、社区的层层文化。广场上通常设有镜子与棱镜，供幼儿从各个角度观察自己，建立自我认同，也让外在环境能延伸反映于内部空间中。

图 2-2-2　（本图取自 Ceppi & Zini, 1998）

　　而基于社会建构论的另一个重要特色是：学习是走出校园扩展于整个大的社会情境，与社会文化接轨，因此超级市场、街道、庙宇、火车站、公园、邮局等均可以是幼儿探究之处；而且社区成员与家长均热衷参与幼儿园的活动，如期末的主题成果展等。总之，从当代以社会建构论为主流的幼儿教育理念与趋势而言，似乎倾向一个能促进园里、园外社会互动，以及主张一个游戏、探索的开放学习环境，当然它也是一个具有多样性机能的空间，以实现全人发展的教育目标。

第三节 环境行为理论与研究层面

本节论述相关环境行为理论与研究，包括生态系统论、行为情境论、内在个别差异论，以及幼儿学习环境规划相关实证研究，并归纳其对幼儿学习环境的意涵与启示。

一、行为情境理论(Behavior Setting Theory)

生态心理学家 Barker（1968，引自 Day，1983）根据多年研究提出"行为情境论"，以解释环境与行为间关系。其主要论点为：物理环境的规划与设计方式会提供线索，引导或暗示人们表现出当下合宜的行为模式；而且在相同的环境中，不同个体所表现的行为模式会趋向相似性；此外同一个人在同一行为情境中所表现的各种行为，也会倾于同质，均为该情境所合宜的行为模式。换言之，在每一个行为情境中，皆有一些属于这个情境的行为模式，在不同的行为情境中，其所出现的行为亦会有所不同。如在五星级饭店大厅，每一位进入大厅的人无论是聊天、住房登记、喝下午茶、等候他人等，其所表现的举止倾向斯文高雅；而在仲夏夜的夜市里，人们所表现的行为模式，绝对是不同于五星级饭店的。根据 Day（1983）的阐述，Barker 行为情境论有以下四个特征。

（一）显著的行为模式

所谓显著的行为模式乃指人们在相同的行为情境中，会表现出一致且符合这个情境的明显行为模式，而离开这个行为情境后，人们的行为又会随着环境的改变而有所不同。至于某一行为情境的显著行为模式是由环境的外在结构、文化与教育的影响，以及个人对情境的感知能力所共同形塑的。据此在幼儿活动室中，可以规划成具各种不同显著行为模式的行为情境，即各个兴趣区 (学习区)，并协助孩子建立其在各个学习区中的"显著行为模式"，发展幼儿多方面行为能力，以符合不同环境的需求。

（二）环境的物理结构

环境中包括永久性（如砖墙、大门等）与暂时性（如柜台摆放、标线、旗志等）等两种物理结构，二者均是行为情境的重要组合结构；外在物理结构界定明确的行为范围，而暂时性的软件与摆设，可凸显行为情境的主要特质。就此，幼儿园中的建筑硬件可构设出一些永久性的行为情境，如构筑一些大团体与小团体活动的空间。此外，在活动室的规划上，亦可运用橱柜、地毯等清楚地界定各个学习区的行为情境范围，例如在规划"积木区"时，运用橱柜将之区隔成一个半封闭包围空间，并于其地面铺设地毯，以界定幼儿活动的范围。运用环境的物理结构以及其内部设计来构设各个学习区的行为情境，不但可以清楚地界定区域，且能突显各学习区间不同的行为情境。

（三）环境物理结构与显著行为模式间的协调

环境中的物理结构会强烈暗示与引导人们显现该环境的显著行为模式，换言之，物理结构与行为模式是调和的。因此，教师在规划各个学习区的行为情境时，须先设定该行为情境的显著行为模式，且依此种显著行为模式的需求来规划学习区的内容。举例而言，如果娃娃家所欲建立的显著行为模式是角色扮演与人际互动，因此，娃娃家的摆设就要能引起想象、扮演与能邀约互动行为，而非布置成独自一人把玩拼图的情境；同样在语文区可能就需要舒适的软垫、柔和的灯光，以引发安静的阅读行为。

（四）行为情境间的相互依存性

每一个行为情境均存在于一个大环境中，且彼此相互依存、交互影响。举例而言，混杂于安静住宅社区中的酒吧、俱乐部，势必影响社区居民生活，居民就会抗议，形成某种压力，最后酒吧、俱乐部可能会因此迁移到别的非住宅地区。同样的道理，教师在规划活动室学习区时，必须考量各个学习区的显著行为模式，依同质互惠、异质相离原则做空间配置，例如将性质兼容较为静态的益智、语文两区摆在一起，使能互惠或相得益彰；并与兼容性低，较为喧闹的积木区、娃娃家远离区隔，使其不致相互干扰。

根据以上行为情境四项特征，幼儿学习环境必须是精心规划的，以物理环境特征清楚界定每个空间范围并引发合宜行为，以及依行为情境的同质性与异质性做合理的空间配置，以发挥整体空间的效益。

二、生态系统理论(Ecological Systems Theory)

人类生态学家 Bronfenbrenner（1979）对影响人类行为表现的环境深入探究，提出"生态系统理论"。他认为环境和生物体之间有着紧密的关联影响性，这种相互依赖的影响与关联，构成了整个生态组织系统，他将整个生态环境区分成四个互相涵括的巢形结构系统：大系统（Macrosystem）、外在系统（Exosystem）、中系统（Mesosystem）以及微系统（Microsystem）。而根据 Berk（1997）的阐论，环境是一组巢式的结构系统，层内有层；人位于环境系统的中心，受最近环境如班上幼儿、老师直接的影响，也受位于较远、较广泛的社会文化的影响。换言之，Berk 认为 Bronfenbrenner 的生态系统论清楚地描绘幼儿与其周围各层级环境系统间的密切关系，尤其是最里层的幼儿活动室、家庭等（图 2–3–1），分别叙述于下。

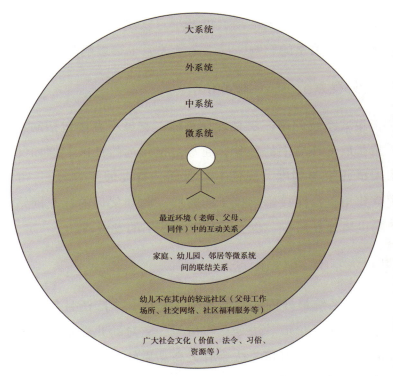

图 2–3–1 Bronfenbrenner 生态系统论图示（本图取自 Berk, 1997）

（一）微系统（Microsystem）

微系统是指离幼儿最近的周围环境与互动，位于巢式系统的最里层。在幼儿园中幼儿的微系统就是同班幼儿、老师的互动情境，每位幼儿均受其微系统中人的影响，而且每位幼儿也会影响其他人。

（二）中系统 (Mesosystem)

位于巢式系统的第二层是中系统，是指家庭、幼儿园、邻居等这些微系统间的联结关系，它也影响幼儿，与幼儿的发展与学习密切相关。例如幼儿在幼儿园的表现，不仅取决于幼儿园中的活动，它也取决于父母是否参与幼儿园活动，以及学习状况带入家庭的程度；而亲子互动受到师生关系的影响，反之亲子关系也会影响师生互动。

（三）外在系统 (Exosystem)

位于巢式系统的第三层是外在系统，它虽不直接包括幼儿，但仍影响幼儿在最近环境中的经验，通常是指较远的社区。例如父母工作场所的人事政策与制度（弹性上班时间、育婴假规定等），可帮助父母扮演育儿角色，间接影响孩子的发展。此外父母的社交网络，如朋友与亲属也属外在系统，也会间接影响孩子的发展。

（四）大系统 (Macrosystem)

位于巢式系统最外围的是大系统，是指一个广泛且高高在上的社会文化体系，包括价值、法令、习俗等，它对幼儿在最近环境中的经验都有影响。例如政府相关法令有关高品质幼儿园规定以及在职父母良好的工作福利政策，会带给幼儿在其最近环境中较好的经验。

综合 Bronfenbrenner 的生态系统论有四项重要特征：（1）孩子受到一系列巢状结构的环境所影响，尤其是位于最里层的老师、幼儿间互动关系，以及次层幼儿园、家庭的联结关系；（2）孩子也会影响环境中的人、事、物，即环境与幼儿是双向影响关系；（3）环境是动态的且是不断变化的，如父母离异、新幼儿加入、转园就读等均会对幼儿形成影响； （4）在实务运用上，可通过对任何一层级环境的介入措施，来改变对孩子的影响（引自 Berk, 1997）。

其实生态系统论与前节所述社会文化论有异曲同工之妙，均揭示幼儿生活于整个社会文化系统中，深受其影响。由生态系统论可见幼儿园中的幼儿无法单独脱离整体环境体系而生存，它与各层级环境间密切相关，例如幼儿园、幼儿家庭、所在的社区、所处的社会等，尤其幼儿班上互动情境是对幼儿最具直接影响作用的生态系统。综合以上生态系统论与行为情境论，笔者认为对幼儿学习环境规划的启示如下。

（一）学习环境必须精心规划以引导合宜行为

根据生态系统论，幼儿活动室是最里层、对幼儿最密切相关、最有影响的生态环境系统之一，而在幼儿活动室这个微系统中，每一个学习区又是一个更细小的微微系统；在另一方面根据行为情境论，微微系统的物理环境会强烈暗示幼儿符合该行为情境的显著行为，而且各学习区微微系统间是相互影响的。诚如 Bronfenbrenner（1977，引自 Day, 1983）在一所幼儿园的研究中发现，一位被观察中的女孩进入语文区，随同他人安静地坐下聆听老师说故事，并与教师、幼儿间有一些分享互动；之后孩子要求教师继续此一话题的讨论，老师亦改变原说故事活动，与孩子进行讨论。此一情节充分说明该语文区微系统的物理环境布置与摆设提示幼儿合宜可做之事，或即将发生的行为模式，此外也显示幼儿或同伴团体的需求，亦会影响该环境的使用方式。就此而言，幼儿活动室内的精心规划，使其物理特征暗示合宜的行为，且整个活动室各学习区间合理配置不相干扰，就显得十分重要，因为它深深影响着幼儿的行为表现。同理，户外游戏或园内庭园亦划分为多样动、静区域，也必须要加以精心规划，让幼儿在每区内均能表现该区域合宜行为，并发挥整体环境作用。

（二）学习环境必须具有可变化的弹性

承上语文区实例，不仅物理环境特征会影响幼儿行为，反之，幼儿亦可影响环境的使用方式。因此，幼儿活动室与户外游戏区域的规划必须具有可变性与弹性，以反映幼儿与课程上临时生成的需求。因此适度的留白以增加环境使用的潜能，弹性的区隔以因应突发变化，多功能的设计以反映临时需求，均是规划幼儿学习环境时的必要考量。

（三）幼儿园环境必须开放与各层环境互动

不仅幼儿园内含如活动室、游戏场等各个小系统，幼儿园外亦是被各层各级系统所包围，幼儿无法脱离各层级环境的影响，因此幼儿园在软硬件措施上要与各级环境保持密切关系。首先在硬件学习环境中，尽量要达到开放渗透性，让外在系统与幼儿园本身是可以互动交流的，甚至园内各微系统间也是一样。其次是软件课程上，不仅要反映系统内幼儿的特质与需求，而且也要尽量与各层级外在系统——家庭、社区、社会等交流，反映各级环境生活内涵与元素；就此园所课程要符合地域特色与优势，提倡"园本课程"是极有道理的。当然家庭、幼儿园是幼儿最近的环境，影响幼儿甚巨，"家园合作也是必需的"，也是必然的趋势（周淑惠，2006）。我们可以通过在各层级系统的介入——强化各层级系统间的整体联结关系，将幼儿园、家庭、邻里、社区与社会结合在一起，共同为教育幼儿而努力。

三、内在个别差异论 （Intra-individual Difference）

美国幼儿教育教授 Day（1983）进而统整 Bronfenbrenner（1979）

的"生态系统论"与 Barker（1968）的"行为情境论"，并且加入其所独见的"内在个别差异"（Intra-individual Differnces）观点，建立一套完整的理论架构，现分别说明如下。

Day（1983）观察同一个幼儿在不同的学习角落时，显现非常不一样的行为特性，例如在积木角的强势与活泼，在语文角的安静与独处，在娃娃家的热络与人互动等。此乃归因于幼儿对于外在情境的觉知，并试图符合该情境的要求，表现该情境合宜的显著行为模式；此外 Day（1983）认为这也是呼应幼儿"内在个别差异性"的需求。所谓内在个别差异性是指正常的人格是由一系列的行为模式所组成，每一个行为模式只有在某一相关的特殊环境才会显现。因此，一个人的行为会因时空而变化，并非所有被认定为"内向"的人，在所有的时刻、所有的地点均表现出内向的行为特质；可能在不同的时间、空间中，如果时空的要求正好符合其需求，他也会显现出"外向"的特质。此即所谓人类行为的"内在个别差异性"，如同上述在积木角、语文角、娃娃家行为表现完全不同的幼儿实例所示。

至于幼儿的内在个别差异显现在三方面：社会接触方式、指导方式与学习方式。社会接触方式包括独立一个人、与另一个幼儿、小团体、大团体；指导方式包括自己主导、平行指导、合作指导、他人指导；学习方式包含精熟学习、探索建构、好奇、观察、欣赏与解决问题（Day, 1983）。的确，幼儿可能在一早来园时，独立一人自我主导地在练习拼图；下一刻很可能加入几位幼儿阵容，在娃娃家共同合作扮演；而到了下午又可能只是与另一幼儿两人安静地在观察别人游戏。幼儿具有内在个别差异性，因此，为顺应孩子天赋的"内在个别差异性"，在一个幼儿活动室中，规划各种不同性质的学习区活动，反映各种不同的社会接触方式、指导方式与学习方式，让孩子可以自由选择以满足孩子当下的个别内在需求，是幼儿学习环境的一个重要向度。如教师将新加入的拼图放在桌面，两端各拼好一部分，另外在桌子四周摆放两三张椅子，此举即在鼓励小团体的社会接触方式，让两三位幼儿合作拼出，相互指导。同理，户外游戏场与幼儿活动室均为幼儿园生态系统中的微系统，我们在规划户外游戏区时，也必须如同幼儿活动室反映幼儿内在个别差异性般，使户外游戏区具有不同社会接触、指导方式与学习方式的多样游戏区域。

综合本节生态系统论、行为情境论、内在个别差异观，教师在活动室内与户外游戏区必须考量同质、异质性，精心规划多元且能自由探索的区域，并运用物理环境特征以引发各区合宜行为表现，以及保有可变弹性以因应幼儿与课程萌发需求。更为重要的是，整个幼儿园必须是能开放与内外各层级环境交流互动的。

四、幼儿学习环境规划实征研究

从以上行为情境论显示：环境的物体结构会暗示与引导人们表现符合该环境的显著行为模式，此外，Kritchevsky、Prescott 与 Walling（1977）等人亦言：环境会告知我们该表现什么与不该表现什么，孩子是会依照游戏空间中的内容与组织安排所透露的信息来表现其行为。所以幼儿环境的精心与多元规划就显得格外重要，诚如 Weinstein（1981）所言，教室空间的安排设计是幼儿学习的一个重要外在条件。许多实征研究也指出幼儿学习环境规划的重要性，现分别叙述如下。

Walling 曾为其活动室内幼儿所表现的纷争与秩序不佳而忧烦，在重新规划活动室后，如区隔空间、清楚定义活动界线、流畅动线通道、移动活动空间让彼此不相干扰等，结果孩子的行为表现大有改善，吵闹声浪与纷争不再，Walling 指出这是他任教时光中，感到最兴奋的一件事（Kritchevsky, Prescott, & Walling, 1977）。

Nash（1981）则用实验研究比较了两种空间安排不同的幼儿教室，在空间上特意安排具有如数学科学、口说语文、创造技巧等不同学习区域的教室，比在空间上只是配合建筑原有设计或近便考量随意安排的教室而言，幼儿的各项学习成果显然较佳。

Teets（1985）则操作环境变项——组织性、复杂性、每位幼儿可用数、多样性与特殊问题，试图探究学前幼儿的游戏行为，结果发现，活动室环境的改变确能对幼儿行为产生显著的效果，包括幼儿间互动、师生间互动、与教材互动、在合宜区域使用教材等方面。该研究进而建议，幼儿空间规划要考量空间的组织安排，如清晰的动线、界定的活动区域、要有空余的空间等；器材设备的复杂性、多样性及每位幼儿游戏数量的考量等。

Petrakos 与 Howe（1996）则仅是重新改变娃娃角的设计，结果发现经设计改变过后的娃娃角，比原本娃娃角有更多的戏剧游戏产生。Weinstein（1977）的研究是在一个二、三年级的开放教室中做了一些实质的改变，如增加每一学习区的多样性，结果达成老师的目标，顺利地修正了学生的行为。可见环境的确影响行为，审慎规划学习环境十分重要。

Phyfe-Perkins（1979）亦曾通过空间的设计与修正，提升了幼儿的建构游戏量与游戏参与层次。其后 Phyfe-Perkins（1980）在检视与分析物质环境影响的相关文献后，曾归纳：幼儿园中幼儿行为的变异偏颇是与所提供的环境有关，教师与行政人员应查验幼儿的合宜行为与不合宜行为的来源，即教学环境。

综合上述，幼儿学习环境的规划非常重要，如果孩子的行为有问题，很可能是环境中传达了错误信息，重新检视环境是必要的。而综合上述环境行为理论与实证研究显示，一个活动室内部与户外游戏空间必须善加规划，使之具有功能不同的多样区域；而且必须做合理空间配置与界定并布置各区以引发合宜行为，以及赋予弹性潜能以因应幼儿与课程突发需求。这样充分反映当代环境理论与研究重要信息的一个开放学习且与园外空间互动交流的幼儿学习环境，似乎是极为必然之道。

第四节　未来社会生活层面

幼儿、幼儿园不仅在空间上与各层级环境密切相关，在时间情境上亦无法与过去及未来分割。因为幼儿园所培育的幼儿是要生存于未来截然不同的情境中，因此幼儿园在规划课程时要预想未来的社会状况，培养不仅能生存于现代社会，而且也能适应未来社会生活的幼儿（周淑惠，2006）。再从课程理论基础而言，社会基础是课程设计重要的考量，当代与未来社会发展动态与生活趋势成为课程设计的重要反映要素。而学习环境是课程实施场域，对幼儿行为影响巨大，当然有必要反映当代及未来时势，并与之共舞。

一、未来社会的重要特征

笔者分析当代与未来社会生活的重要特征有四：科技化、速变化、国际化、民主化，现论述于下。

（一）科技化

科技精进发展是当代与未来时代社会生活最显著的一个特征，尤其是传媒与信息科技对生活的影响更巨大。举例言之，今日视讯科技系统发达，通过 Skype、MSN 等，在地球两端的人可以立即在计算机荧幕上开会协商，传送如影音档般大量资料，多么的迅速方便；而网络信息科技的发达，让人们可以马上上网查询任何资料，或买卖期货股票，多么的便利快捷。科技进步已改变人类许多的生活形态与职场状况，如"移动办公室""电子商务""远距教学"等均司空见惯。

未来新时代通讯与信息科技一定更为进步，如果不会运用这些新科技，将很难生存于这个社会中。

（二）速变化

科技的精进变化是日新月异呈现高速剧变状态，虽然带给人类便利的生活内涵，同时也造成职场上的高度剧烈竞争，严重地影响精神层面的生活质量。无论是相关科技领域工程师也好，或是教育相关人员也好，或是商场营销人员也好，都必须战战兢兢在职场上赶上新时代的节奏与速度。如各级教育人员对网络教学、平台共笔或对谈、电子白板与基本简报系统等必须涉猎或精熟，不能再以不变应万变抱持一套讲义行之数年；而商场上更是明显，与时代共舞之举几乎是分秒必争，必须随时求新求变，稍有疏忽就会失去生存竞争权，消失在剧烈竞争中。高度竞争自然会带来工作压力与严重情绪疾病，因为一切都在变动与不确定中，无法掌控，人们必须随时设法调适自己与因应剧变，这也是速变化社会所带来的负面结果。

（三）国际化

更甚的是，当前是一个地球村、全球化的时代，一方面乃为国贸经济变因，跨国公司四处林立，知名品牌遍行全球，就业人口跨越国界；一方面则是运输科技精进，让商洽与旅游轻而易举，早上在亚洲，晚上则在美洲，比比皆是；一方面更因传媒信息科技繁盛，视讯、网络缩短了人类、事务间的距离；当然还有因为整个地球暖化的结果，使整个地球上的各国更是息息相关。可以说在今日，全世界各地在商业、知识、文化、工业、生态环境等各方面均已无国界之分。

（四）民主化

　　未来的社会也是一个多元的民主社会，在这样一个民主社会中，存有不同文化的族群，文化不同，观点自然不同。各国间是地球村的一分子，必须运用现代精进科技来共享与共治这个地球。

二、因应新时代幼教目标的学习环境

　　科技化伴随而来的是快速变化的社会，科技化的结果也更加促进国际化、全球化的社会生活，拆除了国家与地域间的藩篱；而且科技更是改善未来民主社会生活环境与地球村环境的重要利器。追根究底，"科技化"是当代尤其是未来社会的最显著特征，也是教育上必须勇于面对与因应的。笔者认为因应以上科技化所造成的社会生活诸多变迁，能否运用科技于"求知""应变"，成为生存于未来高速剧变与竞争社会的首要条件；其次是能否运用科技改善民主生活以及实践地球村生活，进而更与世界接轨；当然最基本的是能身、心、灵均衡健全地成长，方有精力与能力接受未来社会的挑战。因此笔者曾揭示新时代的幼儿教育目标是培养"求知人""应变人""科技人""完整人""地球人"与"民主人"（周淑惠，2006）。以上目标与Fullan（1993）所言甚相呼应：每一个社会都期待它的公民在一个动态、多元文化的全球性转变情势中，能终其一生独自或与人合作，有能力地处理变革。

　　培育"科技人"牵涉层面最广，因为能熟谙且能运用、享受科技的科技人，较能运用各种科技于求取知识、因应变况中，而且通过精熟的科技，也有助于实现地球人与改善民主生活环境。Steels（2003）指出未来学习的五项声明之一即是援用新科技媒体的力量，每一个教育相关人员或建筑师等必须知道不仅要接纳新的传媒信息科技，而且也要创造支持新系统与新方式的信息传输环境（Gayeski, 1995）。面对新科技的冲击，它是改变教与学方法的重要因素，对设计与更新教育建筑更具重大意义（OECD, 1995），因此将科技与计算机纳入课程与环境规划中，是极为必要的。我们认为，面对快速的科技变化，在规划与设计环境时，首要考量弹性与适应性，便于因应剧变而能加以弹性调整。而通常教育机构在融入信息科技时有几项特定的设计需求：（1）信息网路分布；（2）家具的设计与设施的组织；（3）散热、照明等健康、安全的要求（OCED, 1995）。

在以上新时代幼儿教育目标中，虽然培养科技人牵涉层面最广，笔者认为还是以培养求知人、应变人为最重要，也是最核心的目标。因求知探究的方式有很多，运用科技是其中的一种方式；而能求知探究就能变通地生存于高度竞争与动荡社会中，解决与因应各种突发问题。为了培养求知人与应变人，幼儿学习环境要成为知识探究之处，让幼儿能四处探索，运用观察、访谈、查阅资料、预测、实验、操作、记录等探究技巧去建构知识，因此，一个富有多元材料与自由探索的空间，是极为必要的。而为了培养民主人与地球人，幼儿学习环境要成为能互动交流、集会发表的场所，更要提供与外在社会接轨互动的机会，一个强调具有大小变化且开放的多元空间，也是很重要的。在另一方面，一个充满爱与包容、温馨且与周围和谐共生的柔美环境，与民主人相互尊重的氛围是极其相容的，有利于民主人的形塑。至于为了要培养完整人，幼儿学习环境充分提供满足幼儿各种学习兴趣的学习区与空间，如体能律动室、图书室、户外游戏场等；以及满足各种生活需要的大小空间，如保健室、午休空间、隐秘角、小庭园与大礼堂等，也是必然的。在此特别一提的是，环境不仅要具游戏探索与互动交流性，以满足认知与技能方面的学习需求，而且也要注重情意方面的需求——美感的雕塑与心灵的陶冶，方能有利于完整人的培育。因此一个讲求温馨、整洁与周围元素和谐共生，充分流露美感要素的环境，让幼儿生活在可预期、爱与美的氛围中，也是极其必要的。整体而言，呼应未来社会与新时代幼教目标的幼儿学习环境应是一个讲求安全、温馨整洁、能弹性调整，以及强调互动交流、游戏探索的多样机能与开放学习空间。

　　本章第一节儿童权利层面启示我们：应还给儿童游戏权，祭出游戏解药，创造游戏探索空间，甚至形成一个完整游戏学习网络；第二节幼儿教育理念与趋势层面显示：幼儿学习环境应强调园内、外的社会互动，以及游戏探索的多样机能与开放学习空间；第三节环境行为理论与实证研究层面提示我们：户内外学习环境均应精心规划，合理界定与布置以引发行为与弹性回应需求，并与园外各层级环境保持互动关系；第四节未来社会生活层面明示：创造一个安全、温馨、能弹性调整，以及能互动交流、游戏探索的多样机能与开放学习空间的时代意义性。总之，归纳本章各节的新浪潮，亦是肯定与呼应本书第一章所统整的一般建筑环境规划基本考量，以及幼儿发展与学习特殊考量所归纳的结论：一个强调安全、温馨、整洁、能游戏探索与互动交流的弹性、多样开放空间。此一开放空间甚而应连成一个全面性游戏学习网络，以兹反映对儿童游戏权的尊重，顺应幼儿教育趋势及环境行为理论与实证研究，以及符应未来社会需求与新时代幼教目标。

第三章

幼儿学习环境规划取向

本章第一节旨在综合第一章与第二章，据以揭示幼儿学习环境的重要规划取向，这些规划通则是规划任何幼儿学习环境的重要参考，它不仅符合一般建筑环境规划通则以及幼儿特性与需求考量，而且也反映当代幼儿教育理念、环境行为理论与研究、社会生活趋势等。至于本章第二节则在论述幼儿学习环境规划的实质作业，有助于全面了解优质幼儿学习环境的规划详貌。

第一节　幼儿学习环境规划通则

本节首先论述本书所揭示幼儿学习环境规划通则的衍生与由来，并且与相关文献对照；其次则阐释此六项规划通则的内涵。

一、规划通则的衍生及与文献对照

从第一章有关幼儿发展、学习特性与需求的论述，我们主张一个"如家般安全、温馨整洁，而且强调游戏探索、社会互动的多样机能与开放学习环境"，它具有探索性、多样性、弹性、安全性、互动性与温馨性等特征。而综合第二章影响幼儿学习环境的新近浪潮，包括儿童游戏权日受重视、社会建构论与幼教趋势、环境行为相关理论与研究，以及未来社会生活趋向与幼教时代目标，都指向幼儿学习环境应是一个强调安全、温馨、整洁，可供"游戏探索"与"社会互动"的弹性、多样机能与开放学习空间，甚至期盼将所有游戏学习空间联系成一个完整的网络体系。

秉持一般建筑环境规划通则，在规划"幼儿"学习环境时，我们必须彰显幼儿教育"理念"，满足幼儿生活与游戏中学习"机能"，以及形塑幼儿所需所感的温馨、整洁的和谐"美感"。就新浪潮论之，社会建构论与珍视游戏权代表了当代幼儿教育趋势，是值得彰显的幼教理念；反映未来社会生活求知、探究、全人发展等需求，是必须创造的机能与形塑的美感；而环境行为理论与研究则从不同角度印证多样化游戏探索与社会互动的开放学习理念与实务的必然性。此一如家般的安全、温馨、整洁，且能游戏探索、交流互动的多样性开放学习环境，富有游戏探索、多元变化、社会互动、潜能弹性、健康安全与温馨美感等六项重要特性，且基本上与第二章第二节所述意大利瑞吉欧幼儿园的空间主张极为类似，图3-1-1显示幼儿学习环境六项规划通则及其衍生由来。

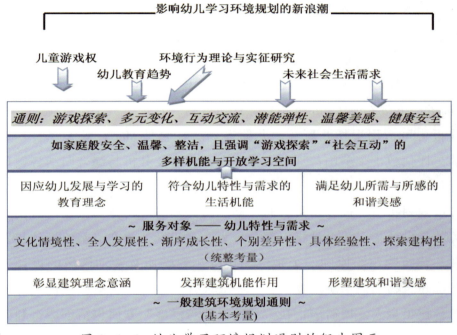

图 3-1-1 幼儿学习环境规划通则的衍生图示

我们将以上学术论述所归纳的规划主张，进一步与幼儿园规划专门著作，如模式语言论著、幼儿园规划与设计专书、相关期刊发表等文献相互对照，发现对于幼儿园的规划主张，大致相吻合，现分别简述以上幼儿园规划专门著作于下。

一个模式(pattern) 是一组设计上的要点，是建筑师平时搜集生活中和旅途中所见的高质量空间，以不同的角度去检视空间，以别于建筑图版的刻板印象设计方式（胡宝林等，1996）。根据 Osmon（1971）所言，它聚焦于物理环境的突显部分，可以是活动空间的一部分——厨房、入口处、游戏区，也可以是建筑物的一部分——照明系统或地板材质等，甚至是一个整体设计议题。据此，模式应作为园所长、老师或建筑师思考托育中心每日活动与物理环境要件的起始点；它也应视为幼教人员与建筑师投入时间讨论教育需求与所需物理环境对话的一部分。所以模式是暂时过渡的，当有新想法产生时，它就会被修正。

美国威斯康星大学建筑与都市规划研究中心 Moore、Lane、Hill、Cohen 与 McGinty（1996）曾提出《托育中心的建议》(*Recommendation for Child Care Center*) 报告，这份含括一百一十五个设计想法的模式报告可适用于托儿所、幼儿园等场所，它是 Moore 等人观察、访谈、评估数十个美国与加拿大托育中心，以及分析与综合归纳各国环境行为与设计方面的文献而来的，这些模式主要分为三大部分：绪言、规划指引、设计指引，而与幼儿园内外空间具体而微设计直接相关的是设计指引。设计指引部分分为：一般设计规准、基地设计与发展、建筑物组织原则、个别空间规准、影响所有活动区域的设计考量、建筑物次级系统规准。在"一般设计规准"中的第一项模式即为符合孩子全人发展需求；在"基地设计与发展"方面包括创造有利微气候、行人可接近与明显的入口等模式；在"建筑物组织原则"方面包括以活动形塑空间、修正的开放空间、资源丰富的活动口袋、可综览的动线、建筑为友形象等模式；在"个别空间规准"方面包括友善的入园序列界面、阳台为活动区域、家长教职员工的角落、厨房中的小孩等模式；在"影响所有活动区域的设计考量"方面包括退避点与观察点、暂停与情绪抒发区域、小孩的洞穴等模式；在"建筑物次级系统规准"方面包括工作墙、弹性家具等模式。整本模式报告非常巨细靡遗，是规划与设计幼儿学习环境的重要参考资料。

Moore（1994）曾指出一个符合发展的托育中心有五项规划原则：(1) 以"邻里中枢模式"(neighborhood hub model) 而规划——规模小、在住家附近、与社区其他资源形成网络；(2) 基地坐落考量——创造有利的方位与安全的基地动线；(3) 整体建筑设计——友善入口的住家式设计、群聚式的村落安排；(4) 住家式的园舍——具改良式开放空间、如家庭化的设计、有资源丰富的活动口袋 (兴趣区)、动静区分与动线清晰；（5）户外活动空间——仿住家式的后院，也有资源丰富的活动口袋与可综览的动线。以上这五项规划原则是 Moore 认为一个有质量的幼儿园所要具备的条件，也是一个幼儿园要能成功的要件，它可以说是前述一百一十五项模式报告的精简摘要。

而其后 Moore 在 *Child Care Information Exchange* 陆续发表数篇相关论述，阐论与延伸上述详实模式报告的各项模式内容。例如，"多大是太大？多小是太小？"（1996a）——主张学前每个幼儿空间至少要 4.72 平方米；"托育中心规模"（1996b）——主张小型规模，如是大规模托育中心则建议采用聚落式相连园舍；"私密问题"（1996c）——建议要有如小孩洞穴的私密空间；"园舍与其资源丰富活动口袋"（1997a）——每个园舍教室内具有多元活动区 (学习区)；"托育中心有利地点"（1997b）——托育中心最好在社区中且在步行可到之处；"基地规划与空间配置"（1998a）——应带给人们友善可亲形象、注意安全动线、创造有利微气候与符合发展的游戏场；"形象与规模"（1998b）——建筑物应像朋友的意象与幼儿尺寸的规模；"一个托育中心的中央核心"（1997c）——建议托育中心将一系列园舍围绕在一个共享设施的中央核心区。至于有关户外游戏场，Moore 等主张符合发展、具有丰富活动区域的设计，其详细规划与内涵于第二章所曾提到 Moore 与 Cohen 等人的另一本模式语言报告——《儿童游戏区域的建议》 (*Recommendation for Child Play Areas*) （Cohen et al., 1992）中有详细的叙述。

台湾黄世孟教授与黄玉燕园长（1992）曾研究提出《幼稚园建筑设计规准研究报告》，该报告共分六章，其重点在第四章的幼儿园建筑空间计划与第五章的幼儿园环境设计的潜能空间。第四章翻译自 Osmon 所著《设计儿童托育中心的模式》 (*Pattern for Designing Children's Center*)，并附以案例说明，共有二十二项模式。这二十二项模式包括：

幼儿园的空间组织、家长与小孩的转换空间、保育室活动空间、教具储备与家具设计、小孩个人物品存放空间、小孩厕所、小孩用水槽、玩水、组构活动……植栽饲养和景园、午寝、生病的小孩、职员办公室、交谊室、观察小孩活动的空间、户外游戏场等。而第五章潜能空间主要包含四种空间共十种模式：（1）中介空间——入口转换空间、建筑的外缘空间、通道空间；（2）观赏空间——舞台般的楼梯、活动区旁的停留空间、可运用的窗前空间；（3）包围空间——孩子的小空间、大自然的包围空间——回廊；（4）多重使用空间——地板即家具、多功能入口空间。而刘玉燕（1993）是以"游戏中学习""幼儿为中心"理念为本，强调幼儿的兴趣、自发学习，认为小孩所有使用的空间，都是他的游戏空间，以此来设计幼儿园环境，因此，她主张充实保育室以及学习延伸至户外、半户外空间。而在一个以幼儿为中心的环境设计，则应显现多样学习空间、连续且开放空间、人性化生活空间、大自然空间、多功能空间等几个重要向度（刘玉燕，1997）。

胡宝林教授等人（1996）曾进行《托育机构空间设计之研究》，该报告将托育机构分为室内空间、中介空间与户外空间三大部分，并讨论其空间配置。在室内空间部分共有二十八个模式，如像家的空间与气氛、像工厂的设备与布置、安全且开放的户内外关系、复合功能的空间元素和家具、兼具学习角功能的活动室、有客厅气氛的家长接待室等；在中介空间部分共有八个模式，如入口大门的认同意象，可活动、有光线的活动廊道与檐廊，安全、信息及联谊的亲子接送空间，多用途的小阳台，楼梯底的情绪屋或猫耳洞等；在户外空间部分共有二十个模式，如与社区共生的托育机构，游戏巷与公园巷，既开放又安全的户内外关系，户外的田野生物教室区，有冒险趣味的户外游戏，各种形式的沙坑、四季变化的植栽、绿化屋顶、围墙和花架等。至于空间配置则有三类：独立小班小角小家庭配置、混龄小班小广场大街配置及大广场合院配置。而以上这些模式是以"自然共生的环境""模拟生活世界和培养积极人格""促进保健与创造力""体验开阔户外空间",以及"家庭、城市、广场和复合空间"的理念为本而设计的。其后他又发表"从社区共生的理念探讨托育机构/幼稚园所的教保空间模式",旨在分析上述《托育机构空间设计之研究》中的共生理念,发现有二十五个模式是与社区共生理念相关(胡宝林,1999)。

汤志民教授(2001a)在《幼儿学习环境设计》一书中基于教育哲学、学校建筑学、环境心理学等学习环境设计理论基础,以及幼儿行为与学习环境设计等面向归纳设计原则。全书共分三篇论述,第一篇是理论与研究,第二篇是环境设计,第三篇是配置实例。在第二篇环境设计中分为室内、室外以及大人区与附属设施,在室内幼儿活动室的配置原则为简易性、舒适性、感官性、刺激性、稳定性、安全性、卫生性;而游戏场设计原则为:整合性、发展性、多样性、挑战性、创造性、近便性、安全性。

学者黎志涛(1996)在《托儿所幼稚园建筑设计》一书中分为五章介绍:绪论、基地选择与总平面设计、幼儿园建筑设计、托儿所建筑设计与建筑的物理环境。在基地选择方面要以服务半径小于 300 米为主,环境应安静、健康与安全;在总面积设计方面首要做各种空间的功能区分,使动线不相干扰与选择正确出入口;在建筑设计方面,三种用房——生活、服务与供应可以是各自分散、集中或其中一用房独立,而幼儿生活用房的组合有并联、分枝、内院等七种方式,每班独立生活空间有单组式或多组式"活动单元";至于物理环境方面要注意采光与照明,保暖、通风与防热等。

Abbott 与 Abbott(1995)在《托育中心设计与建筑潜能》一文中指出,托育中心设计必须支持与激发孩子的自然发展过程,它的建筑规模、房舍安排与空间配置应以居住于此的主要使用者——幼儿观点为中心考量，他们认为一个探索性、有趣好玩伴随着机能性需要，将是最为这些主顾客所欣赏。因此，其规划建议为：（1）反映不同年龄层的需求；（2）富弹性的教室空间；（3）好玩、丰富设施的户外游戏空间；（4）引发创意与好奇心的庭园景观；（5）采光佳与配色协调；（6）具供应餐饮的厨房；（7）安全方便的家具设备；（8）安全入口与设施。而 Passantino（1994）在学前机构设备关照点一文中指出，设计学前教育环境是非常不同于小学的，它的设计比较是一系列的"活动区域"，而非一个教室，它可以说是一个反映孩子全人发展的多面向空间。而规划的第一步就是要调查基地的安全性，包括污染问题、交通安全等；其次要有足够的空间与安全的户外环境；此外，为因应孩子的好奇心，还要特别考量可能衍生的安全问题，以及内部空气质量。

梁淑静（2000）综合幼教理念与幼教模式——华德福、蒙特梭利、瑞吉欧、高瞻，以及相关研究的具体空间实践——即上述胡宝林等、黄世孟与刘玉燕等模式语言，归纳十二种室内空间概念与具体实践，以及七种户外游戏场概念与具体实践。在室内的部分有：学习角落、多用途的游戏空间、温馨和谐的空间、模仿生活化的空间、开放的教具柜、儿童人体工学的家具，教室里有镜子、亲职栏、舒适的角落、大型的窗、一大片可布置的墙、夹层的空间；在户外游戏场部分有：植物栽种区、动物饲养区、游乐器材区、丢掷踢设备、沙地水池、花园式的户外空间、自由的活动空间。

由上述幼儿园空间规划的模式、设计建议或具体空间实践，可以看出与笔者综合一般建筑规划通则、幼儿发展特性与需求，以及新近浪潮相关文献所归纳的六项规划取向——游戏探索、多元变化、社会互动、潜能弹性、温馨美感、健康安全等大致吻合。现以 Moore 教授等人、黄世孟教授与刘玉燕园长，以及胡宝林教授等人所著的模式语言为样本，分析并列举其对应相符之处，如表 3-1-1 所示。

表 3-1-1 幼儿学习环境规划取向与模式语言文献对照表

作者	A. Moore, Lane, Hill, Cohen, & McGinty（1996） B. Cohen, Hill, Lane, McGinty, & Moore（1992）	胡宝林教授等人（1996）	黄世孟教授与刘玉燕园长（1992）
游戏探索	B503-全方位游戏区　B704-挑战性的环境 B501-邻里基础的游戏　B502-游戏网络 A806-符合发展的游戏区 A904-活动形塑空间 A905-修正正的开放空间 A908-资源丰富的活动口袋	A02-像工厂的设备与布置 A14-兼具学习功能的活动室（A15-扮演角） C10-安全活泼的亲水游戏（C13-各种沙坑） C11-有冒险趣味的户外游戏（C15, 16, 18） B07-屋顶花园游戏场　C04-游戏巷与公园口巷	建 PT05-保育室活动空间 建 PT10-玩水（PT14-沙水加土） 建 PT11-组构活动（PT12） 建 PT13-戏剧游戏道具 建 PT22-户外游戏场
多元变化	B605-硬表层游戏区 B606-冒险探索区 B607-创意游戏区　B610 B609-孩子们的花园 B709-沙土区　B705-安静区 A1010-多功能大胆休活动区 A1011-建构的区域（1012,1013,1016,1017,1018） A1014-玩水绿洲 A1015-自然探索区域 A1026-厨房中的孩子（A1027-餐桌区） A1023-午休空间 A1028-生病的小湾区	A16-可管理的视听教室（A17-小间图书室） A18-大间可音乐韵律教室（A19-专属美劳教室） A26-可参与、互动的厨房（A20-亲切小间餐厅） C06-户外的田野生物教室（C-07, 08, 09） C12-有休闲气氛的户外角落（C19, 20） C15-各种功能地面可溜冰、骑三轮车的广场 C16-可攀爬翻滚骑牛的小山丘　A25-保健室	建 PT11-组构活动 建 PT16-音乐 建 PT17-植栽、饲养和菜园 建 PT18-午寝 建 PT19-生病的小孩 潜 PT1-10-各种潜能空间（中介、观赏、包围与多重使用）
社会互动	（A804-明显入口） A902-聚落式大型园 A1005-家长/老师角落（A503） A1002-阳台半户外活动空间　A502-托育中心网络（A503） A917-让父母参与的合宜区 A504-邻里中心 60-75 人设计（508,510）　A511-高能见度 A914-建筑物外围是一个可掌控的滤网 A916-内部可见性-第一眼的欢迎 A915-户内、户外至园外的延伸关系 A906-以家为基础小型设计	A05-安全且开放的户内外关系 D01, 02, 03-空间配置（小家庭、小广场、合院） A04-像社区公园、广场社区情境的室内空间 A13-兼礼仪及方案式教学的大空间（广场）（A26） B04-安全、信息及联结的亲子接送空间（A23,24） C01-与社区共生的托育机构（A03,06,08,11,C05） C03-学童巷和邻里公园（A08,C04,C17）	建 PT03-幼儿园基地边缘 建 PT20-职员办公室、交谊室 潜 PT02-建筑的缘空间（半户外空间） 潜 PT03-通空间 建 幼儿园的空间组织

作者	A. Moore, Lane, Hill, Cohen, & McGinty (1996) B. Cohen, Hill, Lane, McGinty, & Moore (1992)	胡宝林教授等人 (1996)	黄世孟教授与刘玉燕园长 (1992)
弹性 潜能	A904-活动形塑空间 A920-能因应需求、动态调整的环境 (A1007) A1009-可变黑的房间 A1010-多功能的大肢体活动区 A1007-多重使用的社会服务区 A1202-富变化的功能性地板　A1212-弹性的家具	A09-可时常变动、互换的空间组织 A11-复合功能的空间元素和家具 (A13) A18-大间的音乐律动教室 B03-可活动、有光线的活动廊道与檐廊 B06-多用途的小阳台 (B07) C15-各种功能的地面与广场 (C18)	潜 PT02-建筑的外缘空间 (半户外空间) 潜 PT03-通道空间 潜 PT04-舞台般楼梯 潜 PT06-可运用即窗前空间 潜 PT09-地板即家具 (建 PT18-午睡) 潜 PT10-多功能入口空间
温馨 美感	A906-以家为基础的小型设计 A803-前院与前阳台 (804) A919-孩子的规模 (1206) A1003-友善的人园序列界面 A918-建筑物为友之形象 A1104-孩子的小洞穴 (A1103) A1028-生病区 A1102-观察他人游戏与退避点	A01-像家的空间气氛 (A20, D01-3 混合配置) A07-朴实活泼的材质与气氛 A08-共同记忆的纪念景物 (A12, B01) A25-接近行政空间、有趣的保健室 (A22) B08-楼梯底的情绪屋、猫耳洞	建 PT04-家长与小孩的转换空间 建 PT17-植栽、饲养和菜园 潜 PT01-入口转换空间 建 PT19-生病的小孩空间 潜 PT07-孩子的小空间
健康 安全	A801-创有利的微气候　A912-综览的动线 (A1207) A1205-可接近安全的电力　A1025-学习型厕所 A1028-生病区　A1103-暂停与情绪发泄区 A914-建筑物外围是可整滤网　A802-行人接近与动线安全 A805-停车与服务远离游戏　B501 邻里为基础的游戏	A27-兼具私密与安全性的厕所 (A25-有趣保健室) B03-可活动、有光线的活动廊道与檐廊 (B08) C03-学童巷和邻里公园 (C04) B02-能控制的多个大门 C05-既开放又安全的户内外关系	建 PT08-小孩厕所 建 PT19-生病的小孩 潜 PT03-通道空间 建 PT03-幼儿园基边缘

综言之，我们以一般建筑环境规划通则为基础，进而考量幼儿特性与需求，继之阐论幼儿学习环境规划的新近影响浪潮，最后归纳并推崇一个"如家般安全、温馨、整洁，而且能游戏探索、互动交流的多样机能与开放学习环境"。这是一个强调全人均衡发展，有助于认知发展、技能养成与情性陶冶的全方位开放学习环境；而此一开放学习环境特性——游戏探索、多元变化、互动交流、潜能弹性、温馨美感与健康安全，实与上述幼儿学习环境规划专门著作所揭示的规划重点，相当具有一致性。

二、规划通则的内涵

现分别说明本书所揭示幼儿学习环境规划的六项通则如下。

（一）游戏探索

所谓"游戏探索通则"，意指幼儿学习环境的规划，要具有游戏中学习与探索中学习的特性，意即这个环境必须是有趣、好玩、能引起探究心，且能移动自如、自主选择，而其游戏、探索过程与结果通常是极具丰富教育意义的。具体而言，一个好玩、有趣能引起探索的环境，在硬件空间规划上与教材设施上一定是具有"类别多样""数量丰富"与"质、量可变性"。举硬件空间规划为例，建议在活动室内规划多样性的兴趣区域，如扮演区、益智区、积木区、创作区、图书区等，这些兴趣区域涉及不同的社会接触、指导方式与学习方式，让幼儿得以自由选择。而

图 3-1-2a

所谓"兴趣区"（interest center）又称为学习区（learning area），顾名思义是指一个幼儿活动室内划分成具有丰富多元教材与活动，能吸引幼儿探索的有趣、好玩的各种角落区域（图 3-1-2a、图 3-1-2b、图 3-1-2c、图 3-1-2d）。至于户外游戏场最重要的是回归自然，充满绿意，让孩子在大自然中游戏探索；其具体规划亦应如同室内兴趣区般，涉及不同社会接触、指导方式与学习方式，规划成能满足不同游戏需求（如体能、社会戏剧、有规则游戏、合作游戏、独自游戏等）的多元活动区域，其游戏区域诸如组合游具设施区、沙土与水区、草坪嬉戏区、隐密/游戏小屋、附加零件建构区、骑乘与球类活动区、自然种植区等。我们认为整个幼儿园内的空间，包括庭园、廊道等均应是有趣、好玩，值得驻足、探索的空间；甚至探索行为亦可延伸至园外空间。值得一提的是，这些可供游戏探索的多样空间与设施，在质与量上均要是可加以弹性变化的，此亦呼应以下"弹性潜能"规划通则。

简言之，幼儿园无论是室内、户外，其规划重点是有趣、

图 3-1-2b

图 3-1-2c

图 3-1-2d

好玩且具教育意涵，能引发与邀约幼儿的游戏、探索行为。不过硬件的空间规划与设施配备一定要配合软件上的教学互动——可自由选择、探索，才能达成环境设计的美意。

(二) 多元变化

所谓"多元变化通则"，意指幼儿学习环境的规划，同时强调全人发展性与个别差异性，甚至是 Day（1983）所指的内在个别差异性，要具有符合幼儿所有生活机能与游戏探索的多样种类空间。幼儿不仅有以上游戏、探索的认知、学习需求；他还有生理、生活上的需求，如睡眠、如厕、餐饮、保健、运动等；此外，他还有抒发情绪、建立自信与情感归属等的需求。因此，幼儿园除了室内学习区、户外游戏场等多元变化的游戏、探索空间外，也要具备满足以上幼儿各种生活机能的多样空间，如可提供餐饮、午休、如厕的空间等，以及可供调养身体的保健空间等。此外，还须规划可供情绪舒缓与情性陶冶的空间，如隐秘空间、游戏小屋（图 3-1-2c、图 3-1-3）、观赏空间、入口转换引道等。在此特别一提的是隐秘空间，它对心理的健康是绝对重要 的（Moore, 1996c; Proshansky & Fabian, 1987）；无怪乎全美幼教协会的评鉴标准（NAEYC, 1991）与有名的幼教环境评鉴表 ECERS（Harms,Clifford, & Cryer, 1998），在其评鉴标准中就有一项是有关户内外要设置

图 3-1-3

幼儿可独处的私密区域的规定。

　　然而除幼儿需求要照护外，幼儿园尚有教职员工与接送的家长，因此空间多元变化更是必要的。教职员工需求不外乎教学预备、资源供给等，家长需求不外乎等候与接送等，在幼儿学习环境强调社会互动取向下，更应重视社区人士与家长参与的空间。所以幼儿园若要满足以上这些使用机能，基本上应包括三种房舍，一是"幼儿生活活动房"，是幼儿游戏、活动、餐饮、睡眠等生活与教保活动之处；二是"服务运作房"，乃办公室、接送联谊室、教师休息室与资源室等提供内外服务的场所；最后是"后备供应房"，即厨房、锅炉、资源回收、储藏室等供应物资与后备的处所。

（三）社会互动

　　"社会互动通则"乃指：一个幼儿学习环境要成为能促进幼儿间、师生间甚至是园内外人们间的集会交流处所，以创造共同社群感。在社会建构论幼教趋势下，社会互动既被认为是促进认知发展的一种重要方式，在幼儿园方面必须尽量通过空间规划，促进园内、园外人们间最大的互动交流。例如能形成中庭合院式的空间配置，具有类如园所中心广场的大团体集会处，设有让室内活动延伸至户外的半户外空间与循环的廊道等；此外，为服务社区人士与家长，园内备有接送与交流作用的联谊空间、园门前设有信息交流空间，以及让园所内外视线适度穿透，也是与社区相融的必要措施。

　　除了硬件空间的规划外，在园内中心广场、教室间廊道、园所外围空间、家长联谊室等环境的布置上，也要尽量配合以达社会交流之效，例如呈现幼儿的作品、学习档案资料、幼儿园的信息、亲职教育资料等，让其真正成为能反映与沟通整个幼儿园成员想法的地方。例如第二章所提及的意大利瑞吉欧幼儿园，其中央广场与各处贴有显示

图 3-1-4a

图 3-1-4b

图 3-1-4c

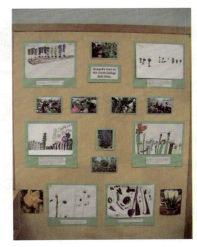

图 3-1-4d

幼儿学习的"档案纪录面版"（documentation panel），展示着幼儿园中各团体的各项研究方案与学习轨迹，供家长、社区欣赏、讨论，增进社区对幼儿园的了解（Nutbrown & Abbott, 2001）（图 3-1-4a、图 3-1-4b、图 3-1-4c、图 3-1-4d）。而最后在园所的课程软件上，要常常开放幼儿与外在社区人们互动，例如通过亲子学习单让亲子共同完成某事，带领幼儿探索社区与市镇，邀请家长、社区人士入园与幼儿互动甚或参与课程，举办期末课程成果展并邀约社区人士与家长观赏等。

(四) 弹性潜能

　　一个幼儿园空间的规划一定要反映"潜能弹性通则"，以适应幼儿的多样兴趣以及外在环境的变迁，Moore 等人（1996）将其称之为"能回应需求、动态调整的环境"（an environment that responds）。当空间是弹性与包括许多潜在单位时，老师则较容易丰富孩子的经验（Kritchevsky, Prescott, & Walling, 1977）；而且时代剧烈变迁，科技日新月异，保有潜在可开发空间，就能弹性适应时代需求，如新信息科技、设施的随时加入。就此而言，空间中一定要有适度的"留白"处，也就是要有足够"空"的空间，不要规划得太满，如在游戏场边大树下的一隅空地，仅植有草皮，就可配合课程与幼儿需要，随时加入心情小屋、小水池等，或举办亲子野餐；此外保留一两间暂时留白的教室，打开中间的隔板，就可成为临时大型活动之所。

图 3-1-5a

　　其次，活动室内的兴趣区区隔尽量使用可移动的矮柜、隔板、帘幕或巧拼地毯等，方便增设或变化为不同类型的兴趣区域，

图 3-1-5b

图 3-1-6

图 3-1-7a

图 3-1-7b

以提供课程与教学上的弹性变化，让整个活动室空间成为活性空间。此外各活动室间或兼午休空间的大型体能律动室尽量能以活动式的隔板区隔（如图3-1-5a、图3-1-5b的台湾新竹市阳光小学附设托儿所），以增加空间的弹性运用潜能。除留白、弹性隔间外，复合式多功能的空间也是很好的设计，例如户外草坪嬉戏区亦可兼为大型亲子活动区或安静观赏区，宽广的廊道与半户外空间亦可作为室内活动的延伸；活动室内具不同层级地板、可升降地板设计、活动室地板家具、夹层阁楼设计（刘玉燕，1993），或两间活动室共享中间的厕所均属多功能复合空间。

最后类如Shaw（1987，引自Rivkin，1995）、Cohen等人（1992）所指的"移动性附加零件"（loose parts），也是很好的主意。例如可移动的两三层低阶平台（图 5-1-8）、大型轮胎（图 3-1-6）、坚硬塑胶方形筐篮、小游戏屋、长条木椅、大单位积木、大木箱等，它有时可用于区隔空间，有时自身可成游具或一个小空间，有时多样组合可成复杂多变的游具设施。台湾新竹市天堂鸟托儿所的中空木箱就是很棒的移动性附加零件，它可供扮演游戏用（图 3-1-7a），亦可当大积木（图 3-1-7b）、椅子、展示平台（图 5-2-14）；不过这些外加的移动性零件的运作，是建立在有足够留白、潜在可开发空间之上的，有如以上所言。

（五）温馨美感

"温馨美感取向"虽包含两个面向——温馨与美感，但这两个面向却是交织相关的。一个温馨的环境具有整洁不紊、温暖可人的物理层面氛围，在整洁不紊环境中，各类家具物品的摆置、形状与配色均是各得其所，整体"和谐"共存，这是美的环境的基础，和谐就是美。在一个整洁不紊的环境，幼儿不仅处于和谐的物理氛围中，而且知道物品的定位，是一个可预期的环境，有助于心灵安定，而且它也是一个清洁健康的环境。而在温暖可人的环境中，幼儿享有存放个人物品的空间、可独处的私人空间，如家般的归属与自在。此外，一个温馨的环境亦注重精神层面的氛围，在里面的成员基本上是温柔、热情、充满了爱，有如家庭成员；有爱自内心发出就是美，不仅可让整个物理环境软化，而且让幼儿感受爱、包容与自信，亦有助于情绪稳定。

整洁和谐、温暖与爱塑造了温馨的环境氛围，和谐、温馨既是美，因此在幼儿园内各建筑的形体、色彩与整体质感要善用美感原则——比例、平衡、韵律、统一与美化、对比与张力等，彼此协调搭配，创造美的环境。温馨如家氛围的室内环境可借用许多硬件上的协调布置加以营造，如舒适柔软的小沙发（图 3-1-8a）、投射温暖灯光的立灯或吊灯（图 3-1-8b、3-1-8b.1）、生机盎然的绿色小植栽（图 3-1-

8c、图 3-1-9)、柔美协调的帘幔 (图 3-1-8d)、可独处的舒适隐秘小空间 (图3-1-8e)、整洁可存放个人物品的空间 (图 3-1-8f) 等。图 3-1-8b、图 3-1-8c、图 3-1-8d 是台湾新竹市天堂鸟托儿所将帘幔、灯光与植栽搭配运用，形塑一个温馨美感的环境。而美的极致是与自然和谐兼容，整个幼儿园的里外空间，无论在形体、色彩与材质上均要与周围环境和谐共生，并善用自然因子创造美的环境，如大树下可装置木质游具组合体，大树上亦可创造小树屋空间，以供幼儿游戏探索 (图 3-1-8g)。再且幼儿园要尽量绿化，将自然因子带入 (图 3-1-9)，甚至与自然相融，以创造美的环境与健康的环境。简言之，幼儿学习环境在理想上要像"乐园"或"花园"般，不仅要有环境刺激的教育功能，而且要有大自然的优雅美丽 (王莲生，1992)。总之，幼儿园整体形象要让幼儿感受温馨美感，具有可亲性，有如 Moore 等人 (1996) 所言"建筑物为友" (building as friend) 的形象，它还必须具有"友善的入

图 3-1-8a

图 3-1-8b

图 3-1-8b.1

园序列界面"（friendly entry face sequence），即入口转换引道的设计，让幼儿顺利转换离家心情，感受温暖与和谐的美感。

图 3-1-8c

图 3-1-8d

图 3-1-8e

图 3-1-8f

图 3-1-8g

图 3-1-9

（六）健康安全

幼儿学习环境的规划如果没有安全健康的考量，那么游戏探索、互动交流就不可能实现，多元变化、潜能弹性与温馨美感也没有任何存在的意义了，可以说健康安全是最基本的规划考量。所谓"安全健康通则"虽包含健康与安全两个面向，但只要是健康的环境，它通常必然是安全的。健康的环境包括物理环境与心理环境，前者意指可见的外在环境，它必须是有益生理的，如：（1）具有充分健康因子——足够的日照、流通的空气、干净卫生的环境、足够的活动空间等；（2）远离毒害干扰之源——被污染的水源、海砂屋、高压电箱、有毒植物、噪音等；（3）免于受伤之虞——狭窄与凹凸的动线、尖锐的家具边角、游具下粗糙铺面、裸露的电源插孔、楼梯间空洞缝隙（图 3-1-10）；（4）去除阴暗与藏匿宵小的死角等。幼儿生活于此一健康的物理环境中，能健康成长不致发生病痛、毒害与受伤，当然是一个安全的环境。规划健康安全幼儿园环境的实例，如户外游戏场的设计要远离建筑物的长年阴影遮蔽，让幼儿享受充分日照与光线；园所的主要大门最好设计于次要交通干道上，否则也要退避内缩一些空间，以争取停车接送的空间与幼儿出入的安全性。此外，在一个开放强调社会互动的幼儿园，通常内外视线相通，但其外围必须是安全可控的，以过滤不肖分子。

图 3-1-10

　　至于心理环境是指一个让幼儿心理健康成长的环境，它是指一个充满爱、包容、有归属感、可预期的环境，这也是上面所指一个温馨环境的重要特性。在这样的环境下，幼儿不仅感受浓浓的爱，而且也感受如家般的归属与自在，如具有存放个人物品空间、可独处的小空间，同时也让幼儿感受整洁不紊、凡事有定位的可预期环境，更让幼儿平抚不安的情绪，如具有入口转换引道设计。因此，幼儿的情绪是稳定的、自信的，在心理上当然感到安全与愉悦的。总之，一个健康安全的环境，就会让幼儿感受生理上与心理上的安全，而一个安全、健康与充满美感的环境当然是一个令幼儿感到舒适的环境。

　　以上游戏探索、多元变化、互动交流、潜能弹性、温馨美感与安全健康六项通则基本上是彼此相关，在实际规划幼儿学习环境时，必须相辅相成，缺一不可。我们认为，健康安全取向尤其是规划幼儿学习环境的先决条件，没有物理环境上的健康安全设计，幼儿就不可能在其中游戏探索以及与人们交流互动，即使环境中具有多元变化、弹性潜能与温馨美感特性，也会失去其存在意义。从另一个角度而言，一个讲求整洁、温暖、和谐与绿化的温馨美感环境比较能实现健康安全的环境与氛围；而弹性潜能取向可以加大幼儿学习环境的整体机能，不仅对幼儿学习环境的游戏探索、多元变化、互动交流、潜能弹性、温馨美感与安全健康性具有加乘效果，而且在讲求创意与因应速变的时代，更显出弹性潜能的必要性。此外，游戏探索、多元变化、互动交流可以说是幼儿学习环境规划的圭臬，不仅符合幼儿的特性与需求，也是当代幼儿教育的趋势。总之以上幼儿学习环境的六个规划取向紧密交织，必须综合运用不可偏废任一的。

第二节　幼儿学习环境的规划作业

打造幼儿游戏环境首重在之前的规划作业阶段，规划作业是打造环境之前的准备与计划，规划作业得当与否影响其后的使用品质与功能。而在规划阶段有几项重要任务与步骤——调查社区需求与了解定位、深思教育理念与目标、整合规划理念与想法、与建筑师沟通并形成共识、持续沟通并调整。本节即针对这几项工作说明之。

一、调查社区需求与了解定位

打造任何一个游戏环境，均要事先调查社区中游戏与学习环境的需求，即在整体游戏与学习网络中，究竟较缺乏何种类型的游戏与学习环境？若某种类型的游戏与学习环境已经过多，则应避免重复浪费。我们认为每一个欲建造的游戏与学习环境，均应寻找其在整个大游戏与学习资源中的定位，即与其他游戏与学习环境的关系，并尽量补其不足，消极而言，可以避免兴建后乏人问津的现象。积极而言，有利促成全面游戏与学习网络的早日实现。以兴建公园为例，社区中已有某种形态的公园则尽量规避之，若社区人们有相当分歧的需求时，可能就要考量兴建一个包含各种游戏类型的全面性游戏公园，内含老少咸宜、动静兼备等的休憩游乐区与设施，以满足所有民众需求。同理，幼儿学习环境在规划时也要调查社区需求与定位，以免形成浪费公款或个人资金现象；尤其是私立幼儿园在大张旗鼓、动土兴建完工后，才发现招不到幼生，因同一社区幼儿园已达饱和状态，此种现象实叫人丧气。

二、深思教育理念与目标

综上数章所述，环境对于学习具有重大影响作用，因此我们应将正确教育理念尽量落实于学习环境的规划与设计中，以达优质境教的功效。幼儿园是教育良心事业，负有教育下一代的神圣使命，因此每一业主都应以此神圣教育使命为念，借兴筑幼儿园之际，深思自己与此一园所的教育理念是什么，并设法将其落实与彰显于硬件环境中，切勿争相效尤坊间城堡与卡通造型的幼儿园外观设计。省思教育理念的实践做法，可以借由思考自己与幼儿园究竟想要培育什么样的幼儿，而加以澄清，亦即思考幼儿园的具体教育目标是什么？当然建筑师在规划与设计学前教育空间时也应设法理解基本幼教理念，以及儿童特性与需求，期能促进二者间相互理解，以携手共创优质幼教空间。

三、统整规划理念与想法

在彰显与落实教育理念于建筑硬件前，还必须整合思考上节所归纳的幼儿学习环境的规划通则：游戏探索、交流互动、多元变化、弹性潜能、温馨美感与安全健康等，此六项规划通则是基于相关文献分析所归纳的规划大方向，它是比较符合幼教理念以及幼儿特性与需求的；但个别幼儿园有其特殊的教育目标与理念，必须在这些规划取向基础之上，做整体的整合思考与调整，以符合个别园所的特殊需求。此外，这些规划想法的落实，也要符合相关建筑、安全、幼教法令的规定，适度熟稔与整合考量法令规章也是必要之举。

四、与建筑师沟通形成共识

在调查社区需求，深思与了解该建筑环境存在的意涵，以及省思与整合规划理念后，业主或有关单位还必须与建筑师沟通其规划理想与表现手法，以形成共识。因为每一位建筑师或设计师都有其坚信的理念，并依此理念来设计建筑环境，但大部分空间设计师缺乏幼教理念，往往建筑师或设计者心中想要的或所想表现的，并非是业主或有关机构所想，而且也无法符应幼儿的需求；甚而形成所形塑的空间形式成为自我表演，扭曲学习空间的现象（方克立，1989）。Rutledge（李素馨译，1995）在《行为观察与公园设计》一书中特别呼吁要缩小建筑师（或设计者）与环境使用者间的差距，以提高设计的准确率，也是这个道理。

五、持续沟通并调整

虽然已经形成共识并实地进行建筑作业，业主与建筑师间仍要不断地沟通与检视暂时成品，以确定是否真正形成共识。再且同一理念有数种表现手法与技术，在科技材料精进的今日，建筑的形体、结构、材质、颜色等方面，也有多种变化，因此，随时检视与沟通，以便及早修正与调整，是极为必要的。此外，建筑师与业主在持续沟通时，均要心中秉持以幼儿为念的思维，因为究竟幼儿是这个空间建筑的真正顾客（使用者），它应被规划成支持与激发幼儿自然发展历程，提供直接与非直接的教育机会（Abbott & Abbott, 1995）。

总之，游戏与学习环境的规划作业是打造游戏与学习环境前的重要准备阶段，此一阶段必须充分调查民众需求，省思与整合教育理念，沟通规划理念与表现手法，以及依共识实质兴建并持续沟通。其主要目的在建立业主与建筑师间的真正共识，以共同打造一个具有良好质量，且能充分发挥良好教育理念的游戏与学习环境，亦可为早日实现全面游戏与学习网络而奠基。

第二篇

幼儿园学习环境规划与设计实务

在第一篇我们从一般建筑环境规划通则，进一步分析幼儿特性与需求，接着论述冲击幼儿学习环境规划的新浪潮，最后归纳幼儿学习环境的数项规划通则——游戏探索、多元变化、互动交流、弹性潜能、温馨美感、健康安全。这些规划取向与学者所提出的幼儿园规划模式语言或建议，大抵相吻合。本篇即秉此六项规划通则，详述幼儿园学习环境的规划与设计实务。

本篇共分三章，第四章着眼于幼儿园的整体规划与设计，包括"整体意象"与"内部平面配置"，笔者将幼儿园整体意象譬喻为外在面貌、形体，内部平面配置譬喻为内在器官、血管，而无论是外在面貌、形体或者是内在器官、血管，对幼儿园的运作均是十分重要，均须加以审慎规划与设计。第五章则探讨幼儿每日活动其内，关系甚为密切的"幼儿活动室"的详细规划与设计，第六章则论述幼儿的最爱，犹如快乐天堂的"户外游戏场"的详细规划与设计。而在论述以上幼儿园各部空间的具体规划要点时，均会与第一篇综合文献所揭示的幼儿学习环境规划通则对话，以促进理论与实践的联结，有利于读者更加理解幼儿园的实际规划与设计。

第四章

幼儿园整体规划与设计

      所幼儿园首先映入眼帘且带给人们印象最深的是它的整体外观，其次才是内部空间实际配置与设计情形，可以说幼儿园的整体建筑外观是吸引家长、幼儿与教育人士的第一眼，是代表幼儿园的门面与理念。因此，本章分为两节，第一节为幼儿园整体意象，包括基地坐落与特性、基地整体规划，以及出入口设计，它是幼儿园的外在形象，肩负吸引与吸纳人潮大任；第二节乃幼儿园内部空间配置，包括各类别空间、空间的组合关系与连串其中的动线通道设计，它是幼儿园的内在结构，犹如幼儿园的五脏器官与血管分布，影响实践运作。

第一节　幼儿园整体意象

      在台湾放眼所见的私立幼儿园，多半是城堡外形与炫目卡通造型所构合的建筑，或者是居于小学一角，外形不甚显目的附属幼儿园，只有极少数私立或公立专设幼儿园有比较不同、有特色的外形设计。接续前篇所说的建筑环境规划通则——彰显理念、发挥机能、营造美感，上述这些外形如出一辙的幼儿园，姑且不论其内部机能提供情形，实在无法让人洞悉其所持的教育或设计理念；其次就美感原则而言，这些造型设计显得非常突兀，与周围社区环境无法形成整体性，流露和谐之美。

我们认为，每一所幼儿园应有其教育理念与目标，在课程与教学上协力实现这些理念与目标，而通过建筑设计，可将教育理念表现于建筑物形体与内部结构上，不仅让幼儿园更显其存在意涵，而且也能促进课程与教学的实质运作，在当代建筑素材多元与先进技术手法之下，适度具体表达园所理念更加容易。因此，每一幼儿园业主必先厘清自身教育理念与目标，而非随波逐流，显现同一造型；其次，建筑师与业主也要充分沟通理念与表现手法，在业主的教育理念基础上，以各种素材、技术与巧思将教育理念适度彰显，并且设法与周围环境和谐共生，呈现协调美感。诚如学者黎志涛（1996）所言，建筑物的整体造型是幼儿园建筑设计的一个重要向度，除要彰显各幼儿园的教育理念外，其所呈现出来的外在形象，也要直接表达特定的环境特征与空间特征；亦即通过援用周围自然、人文与物理环境特色，设法与其融为一体，并能适度显现幼儿园的自我特色。

台湾整体大环境给人的鲜明感觉就是"乱"，美感教育是潜移默化的，须自小让幼儿耳濡目染、亲身感受。身负教育重责的幼儿园业主，更应担负营造环境美感的责任，与建筑师共同合作，充分沟通所欲表现的理念，将各项美感原则运用于建筑形式与外观上，并设法与周围的社区环境融合，以创造美而优质的学习环境。至于一个幼儿园的面貌、形体整体意象包含它的整个基地坐落地点与特性、具体可见的整体规划，以及居于门面地位的出入口设计，将分别论述于下。

一、基地坐落与特性

幼儿园地点坐落于何处与基地本身特性，直接影响幼儿园的形象与生存，为实现上篇所揭示的社会互动、健康安全、温馨美感、弹性潜能与多元变化等幼儿学习环境规划通则，有关幼儿园基地坐落与特性建议考虑以下四项要点：

（一）位社区为社区一部分

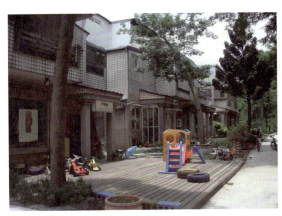

图 4-1-1a

图 4-1-1b

根据"社会互动"规划通则，幼儿园要成为能促进人们互动交流的场所，以形成共同社群感，因此幼儿园最好坐落于社区之中，成为社区生活的一部分，方能比较容易与社区接触达互动交流之境，如图 4-1-1a、图 4-1-1b 台湾新竹市天堂鸟托儿所位于晶园社区住宅内，图 4-1-1c 台湾亲仁实验幼儿园位于锦华市场社区中的巷道内。换言之，幼儿园的坐落地点最好是位于社区之中孩子步行可到达之处，它平日是快乐上学的好地方，放学后或假日则是游伴聚集的好处所。台湾《幼儿园设备标准》(1989)中明白指出，幼儿园的园地选择，宜在幼儿住所附近步行距离约为五至十分钟左右，或以交通便捷为原则；黎志涛(1996)认为，位于社区中的幼儿园，其合适的服务

图 4-1-1c

半径，一般应小于三百米；而根据研究，家到幼儿园的距离，以五百米至一千米为最合适 (Moore et al., 1996)。基本上，我们极为认同 Moore (1994) 所言，一个符合发展的托育中心是一个基于"邻里中枢模式" (neighborhood hub mode) 的规划与设计；另外 Moore (1997b) 亦指出幼儿园可考虑位于两个社区间的交界处，它也是孩子步行可达之处，又同时容许不同背景社区间的文化交流。总之，幼儿园最好位于社区中，如果无法在社区中，成为社区的一部分，也要位于交通便捷、容易到达之处，但必须离交通主要干道一段距离的巷道中，以保证安全。

（二）具高能见度

幼儿园若位于社区中，且能毗近社区中的地标旁，如活动中心、图书馆，或交通便捷的车站附近巷道中，则能见度高，有助于家长寻找与辨识，也有助于孩子的认同，自然容易形成社区人士谈论与聚集之处，有利幼儿学习环境"社会互动"规划通则的落实。此外，高能见度也可由建筑物本身加以创造，如前述所言，幼儿园的整体外观若有特色，能反映教育理念并创造美感，即能成为美的焦点或形成地

标，能见度自然就高。值得注意的是，幼儿园能见度高并不代表量体巨大，或带给人们有如机构建筑似的冰冷形象，从孩子眼光看，应该是友善、有趣、温馨、吸引人的外观（Moore, 1998b），此亦即幼儿学习环境规划"温馨美感"通则的内涵。

（三）邻安全与有利周围环境

规划幼儿学习环境很重要的一项通则是"健康安全"，基地本身必须具有充分健康因子如日照、空气，以及无毒害与伤害之忧。诚如Passantino（1994）所指出：规划一个合宜的学前环境第一步是要调查基地的安全性，有许多因素必须加以考虑，例如基地先前使用状况是否涉及毒害物质，接近基地的人车安全情形，以及风向、日照、水等自然条件。幼儿时期是身心发展的关键阶段，一所幼儿园位于安全无虞与资源丰富的优质环境是极为必要的，因此，幼儿园应远离工业区或交通繁忙的干道，以免暴露于噪音污染、空气污染、交通事故等有害身体健康的危险因子中；此外尚须规避风化区如酒店、KTV 等，以免濡染不良习气，最好是毗邻文教区域或公园，如博物馆、图书馆、社区中心、小学、艺廊、纪念公园等，并能与这些文教场馆设施互动，进而使幼儿园成为市镇整体文教网络的一部分。若能做到以上要件，不仅可以形塑幼儿的气质，而且可以支持幼儿园的课程，提供学习潜能（Moore, 1997b），并让幼儿健康成长，此亦落实幼儿学习环境规划的"健康安全"取向与"社会互动"取向。

（四）有足够活动空间

"健康安全"的环境很重要的一项指标是：基地本身具有足够的活动空间，让幼儿可以舒展筋骨、抒发情绪，以及快乐探索与游戏。台湾《幼儿园设备标准》（1989）明白指出：幼儿园的建筑包括园舍、庭园及运动游戏场等三部分。平均每一幼儿室内活动面积，院辖市不得小于 1.5 平方米，室外应为 2 平方米以上；省辖市室内活动面积不得小于 2 平方米，室外应为 4 平方米以上；郊区及其他地区，室内不得小于 3 平方米，室外为 6 平方米以上。Moore（1996a,1996b）曾指出小型收托六十至七十名幼儿的托育中心较大型为佳，根据他的研究，每个孩子至少要有 4.72 平方米的空间才适当。幼儿园的基本空间除了提供休憩或探索的庭园，内含生活、服务与供应空间的园舍，以及户外游戏场之外，尚须包括转换空间、隐秘空间、观赏空间等辅助空间。最重要的是，有足够的空间，才能适度留白，保有弹性潜能，且促进全人发展的多元变化空间的规划才有可能。所以具有足够活动空间不仅符合幼儿学习环境规划的"健康安全"取向，而且是落实"弹性潜能""游戏探索"与"多元变化"规划通则的基础要件。

综合上述，幼儿园基地的选择最好是位于社区中幼儿住家附近，或交通便利之处；且需具可亲性与高能见度，方便幼儿、家长辨识与接送，并邀约幼儿入园，争取社区认同，成为目光焦集与互动谈论之所。除此外，还必须考虑周围环境的健康安全性与优质性，以去除危险因素与收"境教"之效。最后，还必须拥有足够的园地活动面积，以促进幼儿的身心健全发展与落实幼儿学习环境规划的其他各项重要通则。总之，幼儿园基地坐落与特性必须以主要服务对象——幼儿及社区家长为中心考量。而以上基地坐落与特性的考虑要点，有助于上篇所揭示幼儿学习环境规划的"社会互动""健康安全"与"温馨美感"取向的具体落实，亦为"弹性潜能""游戏探索"与"多元变化"取向的实现基础。

二、基地整体规划

在幼儿园基地坐落确定后，首先要将基地做整体性的规划，为落实本书所揭示的社会互动、温馨美感、健康安全、多元变化、游戏探索等幼儿学习环境的规划通则，通常基地的整体规划要考虑以下要点。

（一）做统整性多元区域划分

为了创造最大机能，提供有利于幼儿发展与学习的"安全健康"环境，以及落实本书所揭各项规划通则，幼儿园首先要整体考虑方位、日照、风向等自然因素，以及周边车流量、毗邻建筑高度与建筑性质等人为条件，将其空间做整体性规划，依功能区分为符合"健康安全"的园舍、庭园、游戏场、出入口与动线等"多元变化"区域，并适度留白，保有"弹性潜能"。此乃呼应第二章生态系统论与行为情境论，幼儿园整体空间、各部空间与外围环境等各级环境系统间是彼此相关、相互依存，必须整体考量、统整性规划。例如出入口，因是内外联系与社会互动的吞吐滤网，又是内部情绪转换引道的起点，其位置一方面受制于周围自然与人为环境，一方面又会影响总平面配置的合理性行为（黎志涛，1996）因此在设计上必须将其坐落方位、内部平面空间与周围环境做整体考虑与规划，使之具"健康安全"、促"社会互动"，以及显"温馨美感"，实现幼儿学习环境诸项规划通则。就此而言，通常为顾及安全健康性与促进互动交流，常将出入口置于次要街道上并设有退避空间或讯息交换空间至于有关出入口的详细设计与幼儿园内各空间的平面配置与关系将于另段详述。

其次，在做内部空间整体规划时为落实"游戏探索"与"健康安全"规划取向，幼儿园必须保有充足的休憩、游戏与运动空间，根据台湾《幼儿园设备标准》（1989）所述，园舍建筑基地以不超过园地面积百分之四十到五十为原则。而在做园舍建筑空间具体配置时，也要进一步考虑"社会互动"与"健康安全"规划通则，形成能促进互动交流的大小空间，并将园舍中的幼儿活动室置于全园最佳方位，而居对外联系与对内管理枢纽的服务支援房如办公室，则置于入口处与幼儿活动室之间；至于后备供应房，必须与幼儿活动室适度保持距离，以策安全。总之，幼儿园内、外空间以及各部空间彼此相关，必须做统整性规划，以落实各项规划通则。

（二）与周围环境调和

幼儿园规划不仅须作内部整体性区域划分与配置，还必须巧妙顺应自然环境与人为环境，在外观形式或色调上与周围环境调和，以追求谐调之美。数大即是美、整体调和更是美，太具独特性突兀于周围环境的建筑，反而显得格格不入，无法呈现和谐美感。幼儿园与周边环境调和是融入社区、争取认同的第一步，有助于促进幼儿学习环境的"社会互动"规划通则的实现。因此，幼儿园建筑在规划时，其造型、规模、色调等一定要考虑周围人为环境的区域特性与精神，胡宝林教授等（1996）在托育机构空间设计的研究报告中曾建议"配合社区乡土风格的设计"模式，即在强调与社区共生、调和的理念。在国外社区非常重视整体和谐之美，当某户大兴土木，其新建筑物外型与整个社区基调不符时，即会遭受社区中其他居民抗议。这种重视环境整体美的精神，是我们必须学习的。此外，与周围环境调和，融入社区、争取认同，除通过建筑形体相融外，亦可借由内部活动可见性加以实现，在整个幼儿园的外围，特别是出入口处具有适度视线穿透性，让社会人士感觉温馨可亲且易与之交融。

（三）具温馨可亲性

幼儿园在作统整规划时，特别要注重"温馨可亲的美感"，让幼儿甚至社区家长喜欢进入该建筑环境，以利于实现幼儿学习环境规划的"社会互动"通则。因此建筑的规模宜小而美，如附近住家的感觉，太宏伟壮观的建筑物带来庄严肃穆与冰冷，有距离的感觉，反倒不能吸引幼儿；其次，建筑物的造型与色调应和谐与活泼，借以吸引幼儿流连探索，此即 Moore 等人（1996）与 Moore（1998a，1998b）所指之"建筑物为友"的形象。另外，幼儿园里外可加以绿化，种植树木、爬藤或盆栽，一方面具遮阳效果，以免建筑直接被曝晒；一方面则具有美化效果，可以柔和环境的硬度，创造美而宜居的环境，尤其在幼儿园前庭或外围更能衬托住家前后院的感觉，温馨可亲。而就材质而言，木质、砖块与石材等自然素材显然较水泥建筑更容易让人亲近。

在另一方面，幼儿园要可亲近，就要成为社区的一部分，除位于社区中，尚须通过外围适度的视线穿透，让人隐约看见内部活动而达成，例如园外四周以小栅门或绿篱围绕，此可为实现"社会互动"规划通则而奠基。而为顾及内部人员的隐私感受，可借窗户开口与街道成垂直角度，窗户内缩三至六米空间，窗户上贴幼儿作品，或紧临巷道的矮墙花坛上种植灌木丛，或外墙类似空心砖的设计并四周辅种花草等设计加以适度遮蔽（黄世孟、刘玉燕，1992）。然而，为成社区的一部分，太开放没有适度保护，也会干扰幼儿活动进行或带来伤害，Moore 等人（1996）提出要将幼儿园外围建成一个"可控制的滤网"，它可以鼓励人们进入或驻足，但可控管进来的人与进来的地点，如接待区人员视线能清楚看到入口人们出入，以及户外游戏场必须有适当高度的遮拦，以防止不肖分子跨越侵入。

（四）创有利微气候

为落实幼儿学习环境"健康安全"规划通则，幼儿园一定要关照风向与日照两项重要自然条件，巧妙地援用自然条件与植栽，引入凉风与自然光线，并规避曝晒与寒风，以创造最佳的园所内部气候，利幼儿生活其内，Moore（1998a）将其称为创造有利的"微气候"（micro-climate）。建筑物必须抵挡寒风烈日，尤其是幼儿生活活动房，更应确保其在最佳方位与居住条件，通常而言，坐北朝南是较佳的方位，坐南朝北的活动室，幼儿无法免于凛冽的北风侵袭；而坐东朝西或坐西朝东的活动室，幼儿有半天是处于酷烈的日光照射。此外，要避免建筑物或户外游戏场处于长年阴影之中，使幼儿有充足日光与新鲜空气（黎志涛，1996）；而户外区要有足够的植栽，在炎热夏天可提供遮荫处。

综合上述，幼儿园基地在做整体规划时，必须整体考虑自然因素与人为条件，做内部多元空间的整体配置并保有潜能弹性，以及创造对整个园所有利的内部气候，营造一个适合幼儿与教职员工的健康安全、互动交流、多元变化与游戏探索环境；此外，也要与周围自然与人为环境和谐共处，以形塑社区融合的意象，并通过内外视线相通的设计，缩短了社区的距离；同时也要塑造一个温馨可亲的形体，采用住家规模的小量体设计以及活泼、有趣与协调的造型，并且营造绿化美感。若能采行以上设计建议，则有利于落实幼儿学习环境规划的"健康安全""社会互动""弹性潜能""游戏探索""多元变化"与"温馨美感"通则。

三、出入口设计

一个机构的出入口门面设计包括外形、颜色、建材与装饰，无异代表了它的"文化"（Gayeski, 1995），因此，出入口的设计相当重要，它是该机构整体意象很重要的一部分。出入口是联系内外的重要地点，在设计上，必须将周围环境、坐落方位与内部平面空间做整体性的考虑与规划。为了安全起见，一所幼儿园要有两个出入口，以防紧急之需，让送货供应或垃圾车辆经由后门出入，前后门动线相互区隔以确保安全。一般而言，出入口的主要机能是人车接送、交换讯息、吸引幼儿与社区家长驻足与指引入园等，为满足这些功能与实现社会互动、温馨美感、健康安全与弹性潜能等幼儿学习环境规划通则，幼儿园出入口的设计有以下几项重要考虑要点。

（一）具明显可辨入口

出入口是幼儿园门面中的门面，是最容易表现园所特色之处，每天不论是步行或以车辆接送的家长需要清楚可辨识的标的指引，以方便预警停车或让幼儿有所期盼，因此出入口的高能见度就显得相当重要。而除毗邻社区重要的地标旁，出入口本身能彰显教育理念、具有特色并能形塑美感，自然也会形成社区认同的焦点地标，并成为与社区融合的助力，为实现幼儿学习环境"社会互动"规划取向而奠基。而明显可辨的出入口亦可借由造

图 4-1-2a

景、阶层变化、与街道成45度角、矮门、不同铺面等，与街道分明区隔突显之；并且运用延伸小径、建筑形式、透明建筑物、几何图形等设计，以形成明显入口；此外，入门处必须是孩子的尺寸与像家一样的气氛（Moore et al., 1996）。胡宝林等（1996）则提出借助共同记忆纪念物或共同创作艺术标记等，与环境社区及团体记忆共生，这也是形成明显可辨入口的一种方式。

图 4-1-2b

（二）显邀约入内形象

出入口不仅要明显具有特色，而且也要具有温暖可亲近的形象，让幼儿想驻足停留、喜欢上学，也让社区人士与家长想与之亲近，一方面实现"温馨美感"规划取向，一方面为促进"社会互动"规划取向而铺路。Moore（1998a, 1998b）指出建筑物要有如朋友的形象，而营造温暖、友善、吸引人的意象，可借类如住家元素的大门、窗户等设

图 4-1-2c

图 4-1-2d

计，保有自然有如住家后院、小树
丛、栅栏的景象（图4-1-2a、图4-
1-2b、图4-1-2c、图4-1-2d），适
度运用户外空间做视觉整合等方式
加以达成。温馨可亲的形象不仅在
于明显入口处，它应该是由入口处
就开始延伸至园内空间，形成入园
情绪转换引道，Moore等人（1996）
则将此引道称之为"友善的入园序
列介面"；而根据黄世孟、刘玉燕
（1992）所述，幼儿园应传达"这是
一个好地方"的讯息，让孩童从园

图4-1-3

所入口处的入园动线沿途就可观赏游荡，有一个愉悦的"转换情绪"
经验，安抚不愿上学的孩童，也让家长放心道别，如图4-1-3台湾
新竹市阳光小学附设托儿所入口通往教室的廊道上充满幼儿的作品。
简言之，入口处应具温馨可亲设计，显邀约入内形象，并内连入园
情绪转换引道。

（三）兼内部活动可见性与外部安全性

要吸引幼儿，让社区人士驻足，促进幼儿学习环境规划"社会互
动"通则的落实，在入口处与进入园门后要让社区家长与幼儿可以清
楚看见内部活动与人物，让其感受到第一眼的欢迎（Moore et al., 1996）
(图4-1-4a、图4-1-4b、图4-1-4c）；因此低矮的柜台、透明的大片玻
璃、柔软像家一样的色彩、怡人采光与气氛皆是必须的，台湾新竹市
亲仁实验幼儿园，即具以上这些要素（图4-1-5a、图4-1-5b、图4-1-
5c、图4-1-5d、图4-1-5e）。出入口处若能如此设计，家长与孩子在街

道上就可轻易找到明显可辨与温馨可亲的入口，且在入口处就可看见熟悉的活动与人们，再加上始于入口的情绪转换引道，家长与幼儿上学分离的经验可以是愉悦的。这样的设计乃落实幼儿学习环境的"温馨美感"与"社会互动"规划取向。然而幼儿园开放可见内部活动与欢迎入内意象，也会有安全上的顾虑，因此可掌控的安全外围环境就很重要，Moore 等人（1996）建议建筑物的外围应是一个"可掌控的滤网"，过滤进来的人与进来的地点，就此，出入口与行政办公室要视线相连，让幼儿园的接待人员能清晰看见出入口状况并掌管门禁；而且户外游戏场必须有安全围护，社区人士虽可看到内部活动景象，但无法攀越入内，此亦落实幼儿学习环境"健康安全"的规划取向。

图 4-1-4a

图 4-1-4b

图 4-1-4c

图 4-1-5a

图 4-1-5b

图 4-1-5c

图 4-1-5d

图 4-1-5e

（四）位次要街道或具退避空间

出入口是人车吐纳之处，若位于车水马龙的主要干道或大马路口，则上下学接送车辆与人潮势必与原街道车流量冲撞，因此出入口设于交通流量少的次要街道上有其必要性。如受限于其他因素无法设于次要街道上，出入口也一定要设有具转换缓冲作用的"退避空间"，即正对大马路的出入口往内退缩，或斜退 45 度角，留出一定安全空间；并规划固定的接送上下车暂停点（Moore, 1998a），且与徒步入园者出入动线相互分离，让接送的车辆可以放心暂时停车，也让幼儿安全出入。我们甚而建议即使出入口位于次要街道上，也最好设有一退避内缩空间，以争取更多的安全接送空间。在另一方面，加大的内缩退避空间，也可成为社区人士或家长驻足与交流之处。此项设计要点实乃落实幼儿学习环境规划的"健康安全"与"社会互动"通则。

（五）做人车分道设计

成人与幼儿必须能安全接近与使用幼儿园设施，因此出入口除设有退避空间外，空间够大的幼儿园，最好的做法是将人行徒步道与车道明显分离而设，不相干扰，严格的人车分道是确保安全的重要措施之一（Moore, 1998a；Passantino, 1994）。具体可行的做法是将进入幼儿园基地中较佳、较可见的部分设计为人行道，甚至比车道还要明显。人车分离的设计尤其在规模大、车流与人行量多的幼儿园非常重要，此项设计要点乃落实幼儿学习环境规划的"健康安全"通则。

（六）设讯息交换空间

出入口主要功能是接送，尤其是前门，而接送时，家长与接待人员间有迅速交换幼儿讯息的需求，因此幼儿园出入口邻街道处应设有一处可交换讯息的简易空间，无论是在园门口的退避空间边上设有简单桌椅，或是运用前院花圃边的平台皆可，而且最好有顶棚设计，以遮风避雨。若能依此设计，无论是以车辆或步行接送幼儿的家长，均可在此驻足片刻，与老师或迎送人员短暂交谈，以了解幼儿当日在校（家）状况；或让社区人士可以在此小坐，远眺园内活动，增加彼此互动，甚至亦可成为社区人士的聚集点，实具多重功能。如若再加上一些小植栽与温馨可人的设计，就是一个入口转换空间的开始。此项设计要点乃落实幼儿学习环境规划的"互动交流""温馨美感"与"弹性潜能"通则。

（七）铺内连人行步道的顶棚

为方便接送幼儿、交换讯息，整个出入口最好铺有顶棚以遮风避雨，如图 4-1-6a、图 4-1-6b 珠海建才幼儿园，而且建议此一顶棚可对内连接至园内各建筑空间的人行步道，也就是从出入口起就有顶棚设计，由人行步道一直绵延连接到园内各大小空间与廊道。顶棚可结合爬藤植物，它具有行进方向暗示性，而且可与入口转换引道结合，顺着顶棚走，不怕艳阳大雨，而且沿途充满温馨的美感、有趣的景点，让幼儿驻足、转换心情，顺利引入幼儿活动室。此项规划要点反映幼儿学习环境规划的"互动交流""健康安全"与"温馨美感"通则。

图 4-1-6a

图 4-1-6b

以上七项设计要点所营造的出入口是任何气候均可放心使用的安全、舒适、方便、可亲近的具人潮吞吐功能性空间，它满足了安全与方便接送、讯息交换、传达园方理念与形象、吸引入园与驻足、转换心情与指引入园的需求，符合幼儿学习环境规划的互动交流、温馨美感、健康安全与弹性潜能通则。

第二节 幼儿园内部空间配置：
空间类别、组合与动线连串

一个园所在基地确定后，在合理预算范围内，应尽可能创造一个能符应儿童发展且具教育理念的幼儿园，因此在内部空间的规划上就显得相当重要。在前一节我们论及幼儿园的外形整体意象——基地坐落与特性、出入口设计，以及基地整体规划，本节则进入幼儿园的内在器官与血管的探讨——内部空间的类别、配置与连串。基本上，一所幼儿园旨在服务幼儿，其次为教职员工与家长，它有一些基本空间，如庭园、各种园舍与游戏场等主要生活空间，还有让幼儿园运作更佳的其他空间，以及连串以上各空间与建筑的动线通道。以下分别就内部各种生活空间、其间组合关系与动线串联设计叙述之。

一、空间类别——主要空间与其他空间

虽然学者对幼儿园空间的分类不一，如李政隆（1987）分为保育空间、游戏空间、服务空间、管理空间，黎志涛（1996）分为建筑用地、游戏场地、绿化用地、杂物用地，汤志民（2001a）分为室内学习环境、室外学习环境、大人区与附属设施，而台湾《幼儿园设备标准》（1989）将幼儿园的建筑分为园舍、庭园及运动游戏场三部分。笔者认为，幼儿园的服务对象是以幼儿为主，幼儿的需求不外乎每日生活中的餐饮、如厕、午休、探索与学习、游戏与运动等；其次，服务幼儿的成人，包括教师、家长，也有一些需求，为提供最佳服务，园方必须要提供一些基本空间与设施。换言之，为呼应幼儿与成人的

需求，落实幼儿学习环境的多元变化、游戏探索、互动交流、弹性潜能、温馨美感、健康安全等规划取向，幼儿园内部空间应是全方位的，包含提供生活与活动、服务与支援、供应与后备等功能的"园舍建筑"，幼儿最爱且满足体能、戏剧、认知等各类游戏需求的"户外游戏场"，可供休憩、探索、游戏、情绪转换的多功能"休憩庭园"等三类"主要空间"；以及满足特殊需求的转换空间、隐秘空间、观赏空间等"其他空间"。主要空间是幼儿园不可或缺的空间，如同幼儿园设备标准的分类，而其他空间则是让幼儿园运作更佳的空间，有了它，幼儿与成人的多元需求则更能满足。兹分别叙述如下。

（一）主要空间

幼儿园的主要空间含园舍建筑、户外游戏场与休憩庭园三大部分。

1. 园舍建筑

幼儿园的园舍必须具"多元变化性"，以满足幼儿与成人的各种需求。幼儿园主要的园舍建筑应包括：（1）"幼儿生活与活动房舍"，系以幼儿园主体——幼儿每日生活其中的幼儿活动室为代表的室内游戏与探索空间；（2）"服务与支援房舍"，乃为提供各种服务的辅助空间——行政办公室、接送联谊室、保健室、教师资源与休息室等；（3）"供应与后备房舍"，亦为重要的辅助空间，包括厨房、锅炉房、储藏室、资源回收室等空间。以上三类建筑物各提供不同的功能，均很重要，犹如内部器官中的心脏，关系整个幼儿园的运作，也传达了整个幼儿园的具体形象。而此三类房舍间的具体空间组合配置亦要考虑"互动交流"规划通则，以增进成人与幼儿间、幼儿之间的社会互动效果。有关幼儿每日生活与游戏探索其间的全方位活动室设计，将于第五章专章叙述。

2. 户外游戏场

为实现幼儿学习环境规划的"健康安全""游戏探索"与"多

元变化"性,幼儿园除具有多元变化的活动室等室内空间外,尚必须具有多元变化与游戏探索的户外游戏场——涵盖多种游戏区域的全方位游戏场,如沙土区、组合游具结构区、草坪嬉戏区、附加零件建构区、骑乘/球类区、自然与种植区等,以反映幼儿多元的游戏需求——体能游戏、戏剧社会游戏、有规则游戏、独自游戏或合作游戏等。值得一提的是,户外游戏场可与主题课程的探索活动结合,尤其是自然与物理现象的探究,如影子概念、反射概念、杠杆原理、风与空气概念、沙与土概念、水概念等,在游戏中自然学习科学概念。至于户外游戏场的设计首重充足的日照与提供适度的遮荫效果,以及活泼有趣的各类游戏区域设计。而有关全方位户外游戏场的规划,将于第六章专章叙述。

3. 休憩庭园

根据台湾《幼儿园设备标准》(1989)所载,庭园是指幼儿活动室对外空间的延伸,位于建筑物与建筑物间,或建筑物与游戏场间。幼儿园需要有庭院空间,它可与入口转换引道适度结合,以供幼儿与教师休憩、观赏景致、互动交流与调适心情的多功能处所,亭园的绿化很重要,例如小花园、小亭台,甚至小水池或生态池,都可发挥"软化"心情与美化环境的功效。庭园甚至可与主题课程结合,提供幼儿探索、游戏的安全处所。简言之,庭园的设置有利幼儿学习环境规划"温馨美感""游戏探索""互动交流""健康安全"与"弹性潜能"等通则的实现。

(二) 其他空间

如果面积许可,幼儿园应设有如下多元变化的"其他空间",以提供幼儿、成人更好的服务,而以下这些空间可与幼儿活动室、休憩庭园或户外游戏场适度结合。

1. 入园转换引道与转换空间

为符合"温馨美感""健康安全""多元变化"等规划通则，幼儿园最好能设有转换空间。转换空间是提供幼儿心情转换与调适之所，尤其是早上来园时的"入口转换引道"，它是由园门入口点开始连接至入园内部动线的一个亲切、温暖与幽静的过渡空间，可悠闲散步、观望，或交换讯息之所（黄世孟、刘玉燕，1992），通常它的视线应尽量能触及活动室或游戏场的活动情形，可发挥邀约幼儿进入活动之效。Moore 等人（1996）在其《托育中心建议报告》中则将入口转换引道称之为"友善的入园序列介面"，这个界面的内部空间要布置得像家一样如地毯、暖色系等，他引述 Alexander（1966）的"自然门槛"概念——几个阶梯、一个栅门（前院、前阳台）靠近孩子的活动室入口，使整个入口序列是渐进、愈来愈愉悦的，让小孩感受如家般安定的感觉。此外，有一种转换空间是专门提供情绪激烈的孩童发泄与冷静的空间，这个空间提供释放情绪的设施，如拳击袋、积木，让幼儿可以以肢体动作带出内心的愤怒、焦虑；这个空间也可以有安静的音乐与填充玩偶等软性物件，让幼儿怀抱抚慰其情绪，使之平静（Moore et al., 1996）。总之，转换空间具有"温馨美感"性，提供了"安全健康"的心理环境氛围，也增加幼儿园整体环境的"多元变化"性，而这个情绪舒缓空间可以设在幼儿活动室内，也可以设在庭园或户外游戏场中。

2. 观赏（察）空间

幼儿有表演的欲望，也有观赏他人表演的需求，两者均会刺激幼儿的创造力、美感、信心与表现欲。诚如 Moore 等人（1996）所言，孩子除了通过操作学习，也会通过观察而学习，对孩子的整体发展是有帮助的。观赏空间可以是活动室外面与庭园间的阶梯落差，也可以是特别设计的户外小圆形剧场，甚至是大型组合游戏结构上的大平台与其周边。

此外，有一种观赏空间是纯粹提供疲累或心情快被"淹没"的小孩坐在一个安静的地方退避休息或观察别人的活动，如花台四周、阶梯上、加大的窗台边等。幼儿园要提供一个保护的安全观赏空间，可以观赏或旁观其他活动，也可让不想参与活动的幼儿随时可以撤离与休息，如图4-2-1a、图4-2-1b、图4-2-1c台湾新竹天堂鸟托儿所所设的小沙发，就具有观赏、退避休息与观察作用。黄世孟与刘玉燕（1992）则指出三种观赏空间：舞台般的楼梯、活动区旁的停留空间与可运用的窗前空间（图4-2-1d）。因此观赏空间可设于户内、户外与半户外处，它可以满足孩子的多元需求，也增加空间的"多元变化"性。

图 4-2-1a

图 4-2-1b

图 4-2-1c

图 4-2-1d

3. 隐秘小角

前章提及美国全国幼教协会评鉴标准与有名的幼教环境评鉴表 ECERS 均有设置独处私密区的规定；而 Moore 等人（1996）引述 Alexander、Ishikawa 与 Salverstein（1977）等人的文章时称，认为孩子很喜欢为自己造一个舒适、可躲藏的小空间，足见隐秘空间确实对幼儿发展极为重要。为实现幼儿学习环境"温馨美感""健康安全"与"多元变化"的规划取向，幼儿园应设有能容纳少数幼儿的隐秘小角，好让想躲藏自己的幼儿有地方可去。就此，胡宝林等（1996）曾建议楼梯底的情绪屋或猫耳洞的隐密小空间设置；Moore（1996c）曾指出可架设小阁楼自然形成隐密空间（图 4-2-2），或利用一些自然剩余空间，如楼梯下方凹处、墙面凹洞，或提供移动式家具，让幼儿自己组合一个属于他们的包被空间、小洞穴（child caves）。简言之，我们认为户内、户外、半户外皆可设隐秘小空间，或提供纸箱、木板、布料等材料让幼儿自行创造（图 4-2-3）。举例而言，在户外游戏场就可利用大型组合游具下的地面空间设立娃娃屋，或是游戏场的一隅亦可架设小木屋（图 4-2-4）；至于在室内，也可运用墙角、家具间的空隙，配合纸箱、布幔（图 3-1-8e）加以营造。

图 4-2-2

图 4-2-3   图 4-2-4

4. 有遮蔽的户外空间与半户外空间

幼儿时期正值大小肌肉发展，有肢体运动的需求，每天均应至户外活动筋骨，呼吸新鲜空气；而为满足幼儿学习环境"多元变化""游戏探索""互动交流""健康安全"等的规划取向，园里保有一片遮雨遮阳设计的户外空间，就显得特别重要，它让幼儿可以在下雨天或艳阳天骑乘三轮车、玩球类运动、玩团体游戏、建构移动性附加零件、跳舞律动等。我们建议此有遮蔽的户外空间最好与爬藤植栽结合，营造温馨的自然美感。此外，上覆有遮蔽物且接近活动室入口的廊道、阳台的"半户外空间"，也可作为幼儿活动的空间，成为室内活动与社会互动的延伸，将室内、室外加以连串（Moore et al., 1996）。半户外空间即黄世孟、刘玉燕（1992）所指的建筑外围空间，而胡宝林等（1996）则建议"可活动、有光线的活动廊道与檐廊"设计模式。极为重要的是，这些半户外空间要尽量宽广，不仅作为阳台、廊道之用，而且也具有可以进行活动与互动交流的多功能空间。

5. 接送联谊空间

为与社区更加融入，促进幼儿学习环境"互动交流"规划通则的

图 4-2-5a

图 4-2-5b

图 4-2-5c

落实，除出入口的简易讯息交换空间外，幼儿园内部最好设有一接送联谊空间，让接送的家长可以做较为长久的驻足等待、联谊交流，以及浏览教保资讯与园方讯息，以增进双方的了解。图4-2-5a 与图 4-2-5b 是台湾新竹市阳光小学附设托儿所的接送联谊空间，图 4-2-5c 是台湾新竹市亲仁实验幼儿园接送联谊空间。此一接送联谊空间要具有"温馨美感"的布置，与愉悦情绪的氛围，以邀约家长入内互动；而且此一空间也要保有"潜能弹性"，在夜间或假日能成为社区读书会、小型活动的场所，更加与社区水乳交融。

6. 多功能空间

为反映"弹性潜能""多元变化"等幼儿学习环境规划取向，再加上位于都市的幼儿园均一地难求、空间局限，因此多功能空间就有其存在的必要性。所谓多功能空间系指一个特定空间同时具有不同性质用途，可以因应情境需要多重使用、弹性变化。例如，铺有地板的律动教室可作为平日幼儿午休之用，亦可成为下雨天的体能游戏空间，而抽出嵌入柜面的活动式长条椅使其自然成为观赏空间；再如活动室内具有升降地板设计，当升降地板时即多样变化成表演空间、小组聚会处或故事角落。另外，幼儿活动室内也可设置夹层阁楼，上层可当安静角落与午休空间，下层则自然形成孩子的隐密小角；而拆除两间活动室间的隔板，就成为大型聚会或活动场所；又如在冬天户外小戏水池放水后可成户外故事角或小舞台，户外草坪可兼具团体游戏区、移动或附加零件建构区等多功能空间。就此，Moore 等人（1996）提出"能回应需求、动态调整的环境"设计模式，而胡宝林等（1996）则提出"复合功能的空间元素和家具"设计模式，均指幼儿园环境要能弹性因应，具有多功能。

7. 潜能空间

为增加"游戏探索"的"多元变化"性，幼儿园也可适度留白，准备一两块潜能空间，它可以是游戏场边大树下的一块空地，或庭园的一隅，或设有活动隔板的备用教室。也许这些空间现在没有什么作用，但只要有活动时，留白处就可充分发挥潜能，完成特定活动目的，例如供亲子野餐联谊、期初期末的课程说明会或课程成果展等。有时为因应幼儿临时萌发的兴趣，留白处可配合移动式附加零件，如小水池、小沙箱等，创造多元游戏价值。简言之，空间不能规划得过满，才能保有最佳弹性与发挥潜能。

以上所述这些主要空间与其他空间，不仅满足幼儿游戏探索、认知方面的需求，如幼儿活动室、户外游戏场等；而且也满足生理健康方面的需求，如休憩庭园、户外游戏场、保健室、午休空间、有遮蔽户外空间等；以及也照顾情绪与情意面向，如转换空间、隐秘小角、观赏空间等，是一个符合幼儿全人发展与成人需求（如接送联谊空间、教师资源与休息室）的"多元变化"空间。这样的空间同时也是一个强调"游戏探索"与"社会互动"的空间，以及充满"温馨美感"与"弹性潜能"的空间，当然更是注重"健康安全"的空间，充分反映幼儿学习环境规划之各项通则。

二、 空间组合

（一）组合配置关系

幼儿园在做内部空间配置时，通常要考虑如何能创造一个可尽情"游戏探索"与"交流互动"的"健康安全""温馨美感"与"多样变化"的环境。此时要统整考虑三个层面，一是整个房舍建筑与其他空间的关系，它可以是集中在基地的中央，也可以是集中在基地的一边，或是围绕在基地四周等；其次是三种房舍建筑（生活活动房、服务支援房与后备供应房）之间的关系，它可以是三者分立，也可以是三者集中，当然也可以是二合一分的配置；最后则是各个幼儿活动空间的组合关系，如并联、内院、放射、风车、分枝、自由等形式（黎志涛，1996）。根据台湾《幼儿园设备标准》所载，就园舍建筑在整体空间中的配置，它可以是一字形、口字形、Y字形，而根据黄世孟与刘玉燕（1992）所言，幼儿园的配置形式则有中庭式、集中式、簇群式，均各有利弊。而无论是哪一种平面组合方式，均要整体考虑，就出入口、动线通道，以及内部所有园舍与其他空间做全盘统整规划，以期各园舍、空间之间均能和谐共处，而且每一个部分空间均能发挥其应有机能，以及实现教育理念与流露美感。

不过在促进"社会互动"的幼儿学习环境规划通则考虑下，我们较倾向具有可促进人际互动的小中庭内院式空间配置，环绕中庭四周的幼儿活动室，虽共享中庭设施，但各有其独立的出入口。学者胡宝林等（1996）所提出的三种空间配置——独立小班小角小家庭、混龄小班小广场大街、与大广场合院配置，即为促进园内社会互动的设计模式。Moore（1997c）亦持共享中央空间的如家般温馨与促进交流互动的空间配置方式；而对于班级数较多的幼儿园，Moore 等人（1996）提出以中庭为核心基础的群落式配置，即形成数个内院共存且并联的村落式配置，各自具有中庭内院的每个聚落亦均共享一个中央大空间与设施。举例而言，如有九个班的幼儿园，每三个班（含大、中、小三班）形成一含有内院的聚落，全园共三个聚落，而此三聚落也围绕着一个中央大空间而设计。

其实 Moore（1996a, 1996b, 1997c）认为收托六十至七十五名幼儿的小规模托育中心最为恰当，比较有家的温馨感觉。他认为若欲设置大规模托育中心，建议有两种变通方式：一是托育中心仍以六十至七十五人为规模，但与社区其他中心联络成一个资源网络，共享一些资源；二是采用分立但相连的聚落配置，即模组式的村落或校园规划，几个聚落共用一个较大的校园空间，但各自有其出入口、小游戏场与中庭空间，每个聚落维持六十至七十五个小孩。这两种变通方式都给予幼儿亲密如家的小规模意象。

为达"安全健康"的幼儿环境，在做空间配置时，应特别考虑将幼儿生活活动房（如幼儿活动室）配置于全园最佳地段与良好方位。由于生活活动房所占空间较多，一般空间配置是以生活活动房为主体，其他二用房与生活用房联合集中配置（三者集中），或其他二用房护卫生活用房周边（三者分立），或其中一用房独自分立出来（二合一分）（黎志涛，1996）。而无论是哪一种组合方式，大体上供应后备房与服务支援房在空间上须距出入口较近：通常供应后备房位于次要出入口附近，方便餐点、物资的运送；服务支援房距离主要出入口较近，尤其是行政办公室，使其易于对外联系与接待以及对内服务与管理，以利其发挥枢纽机能。

（二）依组合关系之园舍设计要点

为考虑三种房舍空间配置关系，以及落实本书所揭示之健康安全、互动交流、多元变化、游戏探索、温馨美感、潜能弹性等幼儿学习环境规划通则，园舍建筑的具体设计必须注意以下要点。

1. 供应后备房

为落实"健康安全"规划取向，厨房的坐落，建议最好自成一区，或与幼儿生活活动房有些适当距离，以策安全，但也不宜过远，以方便烹调的餐点能迅速运送至幼儿活动室；并且要与次要出入口接近，方便物资运送与垃圾处理。而在具体设计方面，为达生活化、互动化与探究化的教学，建议设计成儿童可以部分参与的厨房：即儿童可以进入厨房观察阿姨烹煮食物，或者是部分餐点可以让幼儿参与准备并与幼儿课程结合，如营养、食物烹煮物理变化、用火与工具安全、食物来源等概念的体验与探索。因此厨房要有容许观察的空间、动手备餐的小平台、大调理准备桌等，让厨房也成"知识探索"与"互动交流"之处，当然这样的一个厨房首重安全考虑。Moore 等人（1996）与胡宝林等（1996）在其幼儿园空间模式语言中，均有参与厨房的设计建议。其他供应后备房如电气室、锅炉房、资源回收房、储藏室等因涉及水、电、垃圾，也重健康安全考量与防护，尽量远离幼儿活动范围。

2. 服务支援房

为促进第一眼的"互动交流"感，行政支援房在空间组合上要邻近主要出入口，以方便接待家长与来宾，但也不能离幼儿生活用房太远，视线最好及于幼儿活动室区，以便随时处理或回应幼儿问题。换言之，它必须成为综理内外的枢纽区；因此在设计上，可运用玻璃形成视线相连又可隔离噪音，而且也要营造"温馨美感"的氛围，让幼儿、家长均敢接近。再以保健室为例，在空间组合上要设于照顾者能方便看顾或视线可及之处，如行政中心旁，而且也能让幼儿看得见部分活动区域，以免觉得被孤立，更增加不适感。而为实现"温馨美感""健康安全"幼儿学习环境规划通则，其设计与布置要尽量能像家一样的温馨，如提供一些填充玩具可以让幼儿抚抱，疏解心情与疼痛；并设有上锁橱柜，存放一些急救医疗器材或药品；最重要的是能单独设立一间厕所或非常邻近厕所，以济呕吐与泻便之急。至于接送与联谊室，是家长与幼儿早晚均会使用之处，其空间位置也须毗邻行政处或出入口处；而其设计要形塑"温馨美感"，使之成为能促使家长、教师与幼儿间"互动交流"之处（参见图4-1-5a、图4-1-5b、图4-1-5c、图4-1-5e、图4-2-5c），甚至成为社区知性交流站，内有亲职教育与童书等相关图书、园方活动看板以及舒适的家具，可供阅览、联谊与讨论（胡宝林等，1996）。

3. 生活活动房

为实现幼儿学习环境"健康安全"规划取向，有关幼儿生活活动房，通常位于园方最佳自然方位，拥有园内最佳的微气候，而且也是全园的重心位置；为反映"温馨美感""游戏探索""多元变化""互动交流"等规划通则，它必须布置得像家一样的温馨与多功能，以满足幼儿生活与游戏探索的多元需求，例如如厕、睡眠、餐饮、游戏、活动、存放个人物品等，因此厕所、午餐区、午休处、兴趣区域、棉被柜的安排就十分重要。大体上，我们主张一个全方位生活规划与全方位探索游戏的复合生活活动室，这样的生活活动房满足了"潜能弹性""多元变化""健康安全""温馨美感""游戏探索""互动交流"等幼儿学习环境规划通则。而有关活动室内部的规划与设计，将于第五章专章叙述。

三、空间连串——动线设计

幼儿园具有许多不同功能的园舍与空间，在这些不同园舍与空间之中的联系，以及其与出入口之间的联系，必须仰赖动线通道，如人行步道、廊道等。如果说内部建筑空间有如幼儿园的心脏，动线通道则有如心脏中的血管，负责养分传输，让幼儿园富有活力与生气。因此，动线通道在规划设计时，最重要考虑的是落实物理环境上的"健康安全"考虑和促进"互动交流"频率。此外，也可通过动线廊道的内部设计，让此空间成为可以活动的处所，将内部活动延伸，增加空间的"多元变化""弹性潜能"与"游戏探索"性。整体而言，动线在设计上必须注意以下几项要点。

（一）重舒适安全设计

为了健康安全考虑，动线首重：（1）舒适性——有遮雨遮阳设计，让行走于动线通道上的幼儿与人员能舒服地通行，不致遭受日晒雨淋，而且能漫步欣赏亭园美景或彼此交流；（2）安全性——地面必须平坦，柱面没有突锐之角，并去除过长的幽闭空间与转折死角，让幼儿与人员可以安全无虞地行走于各空间动线上，没有任何死角或危险因子；（3）健康性——动线上空气流通、光线明亮，而且连接厨房与幼儿活动室间的动线最好有遮雨遮阳设计，以能干净卫生地运送幼儿餐点。

（二）做人车分离设计

大型幼儿园内部特别要考虑人车分离，此乃基于安全考虑，让人与车各有其道，行走其上的人与车均感便利，不致走走停停、担心彼此碰撞。除人车分离、各行其道外，危险的车道或内部停车动线、人潮聚集的出入口动线，也要与内部其他空间互相隔离。如服务性车道（送货车道）必须与徒步区、游戏区、幼儿活动室分离；停车区动线必须与徒步区、游戏区分离；接送幼儿上下学之出入口动线应避免穿越幼儿户外游戏区，以确保幼儿游戏安全等。

（三）具宽广多功能设计

宽广的廊道不仅增加"社会互动"的可能性，而且具有活动的"潜能弹性"，延伸幼儿的游戏探索行为，诚如黄世孟、刘玉燕（1992）所言："当我们不再视通道为纯走道，而是活动室之间的中介领域时，通道就成为一个具多重意义之空间。"在宽广的廊道中，幼儿可将室内游戏活动延伸于室外，成为一个"可活动、有光线的活泼廊道与檐廊"（胡宝林等，1996）。有时我们也可借由廊道中的小设计增加"社会互动"与"游戏探索"性，例如在较封闭的通道中设有凹入座椅的空间、半月弧形小窗台、涂鸦墙、作品展示区等；或是在有顶棚的宽广人行道嵌置一两个兴趣点，或游戏平台如变形镜面体、小游戏架（如井字连线游戏）、蜿蜒的传声筒等，均可让廊道产生多样功能，是一个有趣、好玩的通道。当然廊道上也可设有造型的小排座椅，或廊道与庭园之间有宽广台阶相连，使之亦可成为观赏空间或抒发心情的空间。

（四）做循环相连设计

循环相连的通道设计，让各通道动线之间循环互通，形成回路或网状设计，使不同空间可以迅速连接、畅行无阻，即使走错了，最后还是可以通达目的地；或是一次要去两三个不同目的地的人，可通过循环通道四通八达，不用折返原处再行。此外，循环相通的设计也扩大了各个不同空间彼此的"社会互动"性，让不同空间的人可以在此驻足或互动。

　　总之，通道动线若能具安全舒适、人车分离、宽广多功能与循环相连设计，就能实现幼儿学习环境规划的"健康安全""游戏探索""多元变化""弹性潜能"与"互动交流"等通则。

第五章

幼儿活动室规划与设计

设计幼儿园非常不同于小学，它必须综合考虑幼儿的游戏活动、心智发展与身体技能成长，而且每天均有许多例行的保育活动，因此，将教室设计成促进"早期发展区域"是比较正确的做法；亦即学前的空间应是多面向设计，以促进身心各领域的发展，而非单一功能的设计（Passantino, 1994）。我们通常称幼儿的教室为"幼儿活动室"，它是幼儿生活与游戏探索的活动场所，是一个满足幼儿全方位生活机能与全人发展的多功能空间。呼应本书第一篇所揭示的幼儿学习环境规划通则——健康安全、温馨美感、弹性潜能、游戏探索、多元变化、互动交流，以及为节省空间达互惠作用，一个复合系统的活动室设计可供考虑：即两至三间毗邻的幼儿活动室，共用部分生活机能空间如午休室或厕所，自成一互惠依存体系；而在此复合系统中的每一个活动室则拥有绝大部分的生活机能，以及可供游戏探索的兴趣区域，可以说是一个如家般全方位的设计，具有生活机能与游戏中学习双重功能。甚至为考量空间限制，无法广设兴趣区于各班，亦可考量两至三班形成互惠支援系统，各设少量且异质的兴趣区。本章第一节叙述此一全方位生活房舍，即"复合生活房"的规划，第二节则说明全方位探索游戏区域，即"复合活动房"的规划。

第一节　全方位生活机能——复合生活房

复合生活房与复合活动房是幼儿活动室的两个重要面向与特征——既可满足日常生活需求，又可游戏、探索与学习。本节旨在阐述一个具有全方位生活机能的复合生活房的内涵，以及此一复合生活房的设计原则。

一、复合生活房的内涵

要缔造一个"健康安全"的全方位生活机能幼儿活动室，首先要符合相关法规的规定，根据台湾《幼稚园设备标准》（1989）所载，幼儿活动室为了减少辐射热且有利于通风，室内高度应约为三米，活动室面积不得少于六十平方米；且每室设两门，窗台平均高度为五十至六十厘米，窗户总面积应占建筑面积四分之一，采光以双面自然采光为主，人工采光为辅。

一个全方位生活机能的幼儿活动室应满足幼儿平日午休、餐点、如厕、情绪抒发、存放个人物品与被褥、游戏等基本生活需求。Moore 等人（1996）指出收托六十至七十五名学前幼儿的托育中心，应为每十四至十六名幼儿设立一个"家堡"（home base），而大型超过六十至七十五名幼儿的托育中心，则以此比例酌设家堡；在每一家堡中要提供孩童所需的安全感、安全活动与如家般氛围区域，如午餐区、故事区、午休区、如厕学习区、大团体区、个人置物柜等。因此，Moore 所认为六十至七十五名幼儿的幼儿园，约有四至五个幼儿家堡（班级），提供全方位生活需求，亦即少班小园规模与小班制的全方位生活空间。

学者黎志涛（1996）亦指出两种均含括学、玩、吃、饮、睡如同第二个家般的幼儿园活动室设计，一是"单组式活动单元"，另一是"多组式活动单元"。一个单组式的活动单元包含了活动室、卧室、卫生间、衣帽储藏间，基本上是以活动室为主空间，但与卫生间、卧室毗邻具密切关系，联合成一个全套配备的活动单元，其间各空间的组合方式亦有多种形式；多组式活动单元则数个专用活动室共用一个卫生间与一个可供午休的大游戏室。从以上家堡与活动单元设计即可看出学前幼儿活动室的规划真是像家一样，含括日常生活之各项机能。

　　生活房最大的讲求是近便、舒适与安全健康，从"如厕即是幼儿生活的重要部分"这一观点而言，我们比较不倾向厕所离开幼儿活动室的多组式活动单元设计；厕所远离幼儿活动室，一方面对幼儿不方便，一方面也有安全上与看顾上的不利。因此，活动室毗邻或包括厕所、卧室的单组式活动单元与家堡般设计较能满足幼儿全方位的生活需求，是比较合宜的做法。图5-1-1a、图5-1-1b是珠海建才幼儿园的活动室设计，它的活动室空间很大，包括厕所与午休空间，好像一个大套房设计。然而考虑寸土寸金的都会地区的空间限制，因此笔者提出一个"复合生活房"设计概念，这个复合系统的生活房设计是以两至三间毗邻的幼儿活动室

图5-1-1a

图5-1-1b

形成相互依存的互惠与支援单位，提供幼儿大部分基本生活机能。它的最基本诉求是：每班均有近便与舒适的厕所可用，它可以是各班自设套房式厕所，或两班邻界共用中间的厕所；而且每班均可以在自己的活动室中用餐。至于幼儿午休的空间，可以是两个活动室之间空留一个游戏室，或三个活动室共用一个邻近外加的大型游戏室，此游戏室亦为多功能，可同时提供游戏律动与午休之用；如果各活动室够高，还可设置小夹层阁楼以供安静的学习角落与（或）午休用，就不必再设法向外寻求一个午休空间，而且空间的层次变化，也会引起幼儿探究的兴趣。图5-1-2a、图5-1-2b、图5-1-2c显示此复合系统的几种不同设计，将于下面进一步说明。

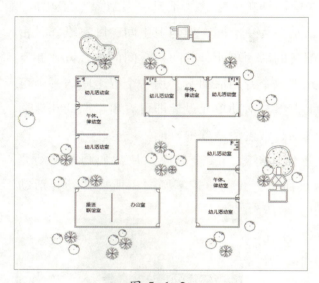

图 5-1-2a

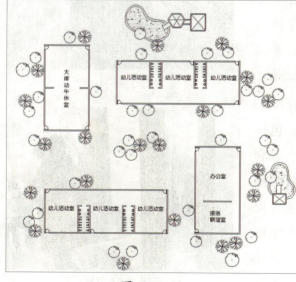

图 5-1-2b

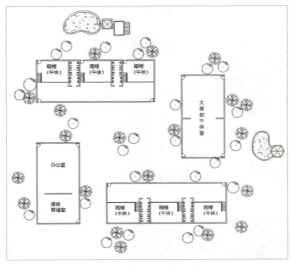

图 5-1-2c

二、复合生活房的设计原则

复合系统的活动室具有下列几项特征，也是设计时的重要考虑：

（一）创如家般满意的生活机能

由于本书所揭示的幼儿学习环境规划取向之一是强调"社会互动"，因此，在整体空间配置上，笔者比较倾向由数间活动室与建筑物围绕构合而成的中庭式空间配置，共用一个中庭的各班朝夕相处且分享生活机能，不仅能促进幼儿间、幼儿与成人间的互动交流，而且也带给幼儿如家般的氛围。图 5-1-2a 是各活动室有独立设置的套房厕所，两间活动室间为两班共用的肢体游戏与午休空间；幼儿可在自己的活动室范围内如厕、午休、肢体律动与午餐，包括绝大部分生活机能；但整体而言，所需空间较多。图 5-1-2b 是三班临界共用两间厕所，并共用一外加的体能游戏室为午休与肢体律动空间

图 5-1-2c.1

图 5-1-2c.2

图 5-1-2c.3

（参见图 5-1-6 台湾新竹市阳光小学附设托儿所的大游戏室兼午休室）；幼儿可在自己的活动室范围内如厕与午餐，而就近在活动室外中庭区内的体能游戏室午休与作肢体律动。图 5-1-2c 也是三班临界共用两间厕所，然各班具有夹层阁楼的设置（如图 5-1-2c.1、图 5-1-2c.2、图 5-1-2c.3 台湾阳光小学附设托儿所），此阁楼不仅可当较为安静的兴趣区，亦可补充地板层午休空间的不足；幼儿可在自己的活动室范围内如厕、用餐与午休，只需就近使用中庭区内的体能游戏室空间作肢体律动。当然如果活动室空间较大，幼儿就可直接在各角落间地板上铺上小床垫午休，不必再加盖小阁楼（图 5-1-2c.4）。以上无论是哪一种形式，均为两三间幼儿活动室共生的复合系统，都尽可能地提供如家般全方位的生活机能，如午餐、如厕、午休或肢体律动，尤其是用餐空间是在自己的活动室内围桌进行，享受家的氛围，此一复合生活房的设计落实幼儿学习环境规划的"弹性潜能""社会互动""多元变化""健康安全"与"温馨美感"等通则。

图 5-1-2c.4

（二）具近便与舒适的厕所

复合生活房的设计大体上满足幼儿生活机能，尤其是如厕的需求。如厕训练是幼儿生活中的重大事项，需要在一个爱与包容的安全处所中进行，因此我们极为反对将厕所设于长廊尽端，或被孤立在遥远的一区，一方面对幼儿远不济急，再方面也有安全上的顾虑与照护上的不便。我们比较倾向两间活动室临界共设中间的厕所区，不仅方便幼儿如厕，且增加幼儿间"互动交流"机会，如图 5-1-3a、图 5-1-3b 台湾

图 5-1-3a

图 5-1-3b

图 5-1-4a

图 5-1-4b

图 5-1-5a

新竹市阳光小学附属托儿所的活动室厕所设计即是两班临界共设中间的厕所区。此外，厕所最好是采用半封闭的设计方式，遮住部分的视线，以确保个人隐私，但仍可以方便教师的照顾与掌握状况；而在马桶方面则采用孩子尺寸的小马桶，可以让孩子方便使用，并降低其害怕掉入马桶的恐惧（图 5-1-4a、图 5-1-4b）。而且孩子在如厕时，建议可以让其观赏门上的画、垂吊盆栽，或设有涂鸦小桌在厕所一角，让孩子有事做，不会觉得被孤立，也降低如厕（训练）的沉闷与焦虑。整个如厕设计强调"温馨美感""健康安全"与"互动交流"规划取向。

（三）设个人专属的置物空间

复合式的生活房，还必须设有置放幼儿个人衣物的置物柜，让幼儿感受"这是我的"领域感、归属感与家庭般的"温馨美感"，它最好毗邻出入口空间，方便进出拿取（图 5-1-5a、图 5-1-5b）；另外还必须设有个人被褥柜，如果以体能

图 5-1-5b   图 5-1-6

游戏室当午休空间，则可以运用游戏室的壁柜（图 5-1-6），以活动室中的小阁楼为午休空间者，可以在阁楼与两面临墙处设置被褥空间。而置物空间可以个人化，让幼儿自己涂鸦或布置。

（四）具弹性多功能的内部设计

幼儿活动室不仅是复合的生活房，具有多样生活机能，而且也是复合的活动室，具有多元变化兴趣区。而为争取更大的生活与活动机能，让空间能更加弹性，以满足幼儿的各种需求，可运用地板高低层次变化，或活动式地板家具，创造各种不同的可用空间（刘玉燕，

图 5-1-7a   图 5-1-7b

图 5-1-7c

图 5-1-7d

图 5-1-8

1993）。如上所提及的夹层阁楼，依其规模大小可将其当成午休空间或安静的角落，而阁楼底下则是最好的隐秘空间处所（图 5-1-7a、图 5-1-7b、图 5-1-7c、图 5-1-7d）；亦可运用升降式地板当集会处、故事角落，或小舞台与观赏空间；或利用两三阶木板台阶作为幼儿观察、退避活动或平抚情绪空间，甚至可当小展示台，具有多功能（图 5-1-8）。而位于角落的台阶阶面够大的话，不仅可以当观察欣赏空间，而且亦可界定角落空间，成为一个安静的兴趣区如图书区（图 5-2-9）。

（五） 显善为运用的外围空间

生活房的门口（图 5-1-9a、图 5-1-9b、图 5-1-9c）或窗台（图 5-1-10a、图 5-1-10b、图 5-1-10c）建议镶以大片玻璃，一方面增加采光效果，一方面形成内外视线交融效果、促进社会互动性；而且最好设有一块退避小空间与座椅，让家长、老师、幼儿能在此"交流互动"；此外，墙面并有亲职教育资讯与幼儿作品（如图 5-1-11a、图 5-1-11b 珠海建才幼儿园，以及图 5-1-11c 台湾新竹市阳光小学附设托儿所），让随行的家长与幼儿在此道别，并可欣赏与阅读墙面资料；或者是在通往活动室的廊道上陈列幼儿的建构作品（如图 5-1-12a、图 5-1-12b 台湾新竹市阳光小学附设托儿所），成为入口转换引道的一部分。

图 5-1-9a

图 5-1-9b

图 5-1-9c

图 5-1-10a

图 5-1-10b

图 5-1-10c

图 5-1-11a

图 5-1-11b

图 5-1-11c

图 5-1-12a

幼儿的生活与游戏探索不能仅限于户内，孩子应有许多的时间是在户外的，如庭园、户外游戏场等，但受限于气候状况，如夏日烈日当照、春日阴雨绵绵，孩子需要有"半户外空间"，让其挣脱久滞室内的郁闷，呼吸新鲜空气，舒展筋骨，欣赏大自然，或进行游戏。所谓半户外空间是指具遮蔽的建筑物外部四周空间，如阳台、楼梯转折平台、宽阔走廊（如图5-1-13珠海建才幼儿园的廊道）等，这些邻近室内的半户外空间就是孩子活动的空间，它可遮风避雨，让孩童不论在任何天气均可在此活动，并且让平时在室内不常进行的活动变为可能（Moore et al., 1996），如木工、画架写生、大型建构活动等。但是这些空间要清楚界定，以免成为纯粹通道；且内外视线要能彼此相连，如具有低矮窗台，让幼儿可以内外相望；并进深不得窄于1.8米，才能使其真正成为可以活动的空间（刘玉燕，1993）。此半户外空间的运用满足幼儿学习环境规划的"潜能弹性"通则。

图 5-1-12b

图 5-1-13

图 5-1-14a

图 5-1-14b

图 5-1-15

图 5-1-16a

图 5-1-16b

图 5-1-16c

图 5-1-16d

　　若幼儿活动室是一个多功能的复合系统设计，可如厕（图 5-1-14a、图 5-1-14b）、进食（图 5-1-15、图 5-1-16c）、午休、律动等，又有静观空间、私密空间，再加上日常活动延伸至半户外空间，内外一体，这可以说是一个全方位的生活用房，有家的温馨感觉（图 5-1-16a、图 5-1-16b、图 5-1-16c、图 5-1-16d）。其实这一全方位生活房也是幼儿可"游戏探索"与"互动交流"的"多元变化"兴趣区域，整体而言，它实现了幼儿学习环境的"弹性潜能""健康安全""温馨美感""互动交流""多元变化"与"游戏探索"规划通则。

第二节 全方位游戏探索——复合活动房

幼儿活动室不仅是幼儿的生活用房，而且也是其游戏探索的活动空间，我们主张将其划分为许多有趣、引人的学习区域 (learning area)、兴趣中心 (interest center) 或兴趣区域 (interest area) （在台湾俗称角落），成为一个多样功能的复合活动房。兴趣区源自开放教育或非正式教育 (Informal Education)，即将教室或活动室规划成数个反映不同学习领域、充满兴趣的探索区域，供幼儿自由探索、自主学习，Moore 等人（1996）则将此半封闭的兴趣区称之为"资源丰富的活动口袋"（resource-rich activity pockets），显示其高度活动的特性。开放教育强调环境的开放性与探索性，幼儿在规划有多样兴趣区域的开放活动室中，可依个人兴趣与能力，选择自己所喜欢的区域，进行个别探索活动。在兴趣区开放时段，幼儿是自主的，他可以选择不同的学习类型，如探索建构、精熟练习、好奇观察、解决问题等；也可以选择多样的社会接触，如独自游戏、合作游戏、平行游戏等；当然也可以选择各类指导方式，如自己主导、平行指导、合作指导、他人指导等；甚至也可选择学习时间的长短（Day, 1983）。大体上而言，在兴趣区时段，教师的主导性相当低，它可以说是一个"自助的环境"（the self-help environment），给予幼儿能干、自主、自信的感觉与训练（Gordon & Browne, 1993）。本节首先论及在复合活动房内兴趣区的种类与功能，其次则探讨兴趣区的设计原则。

一、兴趣区的类别

有关一个幼儿活动室内兴趣区的种类与数量，教师可依实际的空间条件（面积、大小、格局、形状等）、幼儿人数与特质（年龄层、兴趣、能力）、课程主题需要、所要鼓励游戏行为与种类、课程目标、经费多寡等，做整合与弹性规划。例如以游戏行为而言，通常娃娃区、积木区是最易出现团体游戏的兴趣区，工作区、语文区是最易表现单独游戏的兴趣区（田育芬，1987），教师可加参考以统合考量、具体规划。而在幼儿园常设的学习区域有戏剧区、图书区、创作区、益智区、积木区、科学区等（周淑惠、陈志如，1998）。兹分别介绍如下。

图 5-2-1a

（一）戏剧区

戏剧区又称之为家政区、扮演区、装扮区、家庭生活区、娃娃家等。本区提供的道具，如回收或仿制的服饰、烹饪器具、柜子、镜子、梳子、皮包、电话、小床、洋娃娃、桌子等（图 5-2-1a）。幼儿可借角色扮演活动，表现情感、抒发情绪；也可发挥想象力、解决问题能力，合作创造各种戏剧性活动（图 5-2-1b）。在戏剧扮演中为沟通情节与分配角色，增进了幼儿间的互动，激发其轮流、等待、分享、合作等利社会性行为，而且也提供语文发展的绝佳机会。

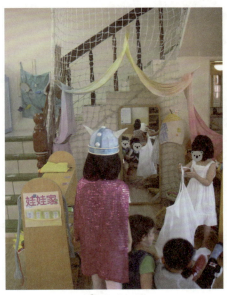

图 5-2-1b

（二）积木区

图 5-2-2a

图 5-2-2b

图 5-2-2c

积木区也称之为建构区、操作区、大肌肉发展区等。本区备有形状多样且材质不同的大小积木，如木质单位积木、纸质盒状积木、乐高教具（图 5-2-2a、图 5-2-2b、图 5-2-2c、图 5-2-2d、图 5-2-2）等，并配有各种附件，如小动物模（图 5-2-2c）、交通标志（图 5-2-2a、图 5-2-2f）、小汽车模型、小船模型（图 5-2-2e、图 5-2-2g）、连接式轨道（图 5-2-2f、图 5-2-2g）等，以丰富幼儿的建构游戏。在搭建活动中满足幼儿的创造力与成就感，帮助大、小肌肉的发展；亦可从中学习各种概念，如数概念、几何概念、空间概念、平衡概念、力学概念等；以及强化合作性行为与语文沟通能力。而积木区中亦可提供书籍、图鉴，以供幼儿建构时参考用（图 5-2-2f）。

图 5-2-2d

图 5-2-2e

图 5-2-2f

图 5-2-2g

(三) 图书区

图书区又称之为语文区、说故事角、写作区等，乃以促进幼儿语文发展为目标，是一个可供听、说、读、写的环境。幼儿可在此阅读绘本 (或杂志、图鉴等)、认字涂鸦、听故事 (提供录音机、耳机等)、看图说话、玩故事接龙、剪报、造词，或操弄布偶说故事 (配合傀儡台)。通常此区布置得温馨舒适，如有地毯、舒适小沙发等，并将绘本开架陈列，以引发幼儿的阅读行为 (图 5-2-3a、图 5-2-3b、图 5-2-3c、图 5-2-3d)。另外，在计算机科技发达的今日，将计算机融入图书区中，作为寻找资料的工具也是很好的主意。

图 5-2-3a

图 5-2-3b

图 5-2-3c

图 5-2-3d

(四) 益智区

益智区也称之为小肌肉
操作区、手眼协调区、认
知发展区等。本区游戏材
料内容包含各式拼图、牌
卡游戏 (如分类卡、配对
卡、扑克牌、接龙卡、顺
序卡等)、盘面游戏 (如走
迷宫、大富翁等)、小型建

图 5-2-4

构游戏 (如乐高、百变巧接等)、棋类游戏 (如四子棋、跳棋等) 及其他促进手眼协调游戏 (如穿线、串珠、钉板、叠叠乐等)。学习目标是让幼儿由操作中获得感官的满足，促进手眼协调及小肌肉灵巧发展，进而促进智能发展 (图 5-2-4)。

(五) 科学区

科学区又称之为探索区、科学与数学区等。本区基本的设备有温度计、滴管、放大镜、量尺、量杯、记录本等观察或操作工具，齿轮、发条玩具、鸟巢、磁铁、镜子等探究或把玩物品，以及可供观察的盆栽或培养皿 (如块茎发芽植物、走茎发芽植物、叶片发芽植物、种子发芽植物等) 与动物 (如水族箱、昆虫箱、宠物笼等)。此区主要目的在于引发幼儿对科学现象的好奇与运用科学程序能力 (图 5-2-5a、图 5-2-5b、图 5-2-5c)。有时科学区会与益智区结合或与沙箱、水箱结合 (如图 5-2-5d 右下角是水箱，左下角是沙箱，均为有轮移动式设计，可随时加入或移出环境)，取决于教师的课程目标与活动空间的整体考量。另外，科学区也可放置计算机，作为探究知识的工具。

图 5-2-5a

图 5-2-5b

图 5-2-5c

图 5-2-5d

（六）创作区

创作区也称之为美劳区、艺术区、工作区等。本区摆设美劳用具如画架、蜡笔、水彩笔、剪刀、胶带、胶水等，多样素材如纸张、黏土、铁丝等，回收材料如海绵、碎布、纸杯、纸盒、纸箱、布丁盒、吸管等，以及保护

图 5-2-6a

图 5-2-6b

图 5-2-6c

与清洁用具如防水围兜、抹布、小扫帚等。提供幼儿尽情创作的机会，发展创造力与想象力，创作范围包括平面工与立体工，并学习收拾与整理（图 5-2-6a、图 5-2-6b、图 5-2-6c）。本区也可放置画册、图卡等，供幼儿欣赏或创作时的参考。

（七）隐秘小角

隐秘小角又称为隐秘区、心情小屋等，主要目的在于让幼儿抒发情绪、沉淀心情或躲藏自己再复出（如图 5-1-7d、图 4-2-2、图 3-1-3、图 3-1-2c、图 3-1-8e 等）。它可以设在楼梯底下的凹槽、墙角空间、夹层阁楼下、钢琴与墙面交角处，在里面可放置软垫、填充娃娃、小毯子等，或提供大纸箱、木板与布料，让幼儿自设心情小屋或包被小空间。

图 5-2-7a

此外，复合活动房内还可以设置木工区与沙水区。如果设置木工区可能须设置在活动室的外缘或与较安静角落区隔，以防止声浪，如台湾新竹市天堂鸟托儿所的木工区即设在活动室主要区域的最外围（图 5-2-7a、图 5-2-

图 5-2-7b

图 5-2-8a

7b)；至于沙/水区（图 5-2-8a、图 5-2-8b、图 5-2-8c）则必须注意沙/水外漏，可在其底铺一层保护层加以防治，而且最好采用活动式设计，配合课程所需，随时可推进推出，或盖上盖子可成为桌子用。图 5-2-8c 即为活动式水箱设计，盖上盖子即成为观察记录桌（图 5-2-5c）。

图 5-2-8b

图 5-2-8c

二、兴趣区的功能

我们认为在活动室内作多样的兴趣区规划，具有如下功能（周淑惠，1998）。

（一）提供符合发展与差异活动

复合活动房内的兴趣区提供了不同领域的游戏或活动，以及不同程度的社会接触、指导方式与学习方式，让不同兴趣、能力、个性与学习状态的幼儿有所选择，符应幼儿个别差异特性，顺应幼儿的发展。正因为学习区提供不同程度的社会接触、指导方式与学习方式等活动，这些多样的活动让幼儿可以因应当下的个人状况做适当选择，同时也满足幼儿的内在个别差异性，充分符应幼儿易变、不稳的特性。简言之，兴趣区的设计充分符应幼儿发展上的特性。

（二）促进学习动机与成效

兴趣区的活动是可以自由选择与探索的，幼儿可依其个人兴趣与能力自主学习，甚至活动时间也可以自我决定；不仅符应其探索建构学习上的特性，而且活动内容均是游戏化取向，好玩、有趣，均有利于提升学习意愿与促进学习动机，因有意愿、有动机才能带来真正的学习。兴趣区的活动不仅可以自由选择、自主学习，而且活动形态均是真实具体的经验，对于处于前运算阶段在思考上仍是非常具象的幼儿而言，是最契合其发展阶段的学习经验，符应其具体经验的学习特性，有利学习成效。

（三）发展自主能力与责任感

自我选择与探索的兴趣区也有助于幼儿发展独立自主精神与责任感，主要是因为在兴趣区时段，幼儿必须依其个人兴趣、能力、状态，选择合适的区域及该区域内的游戏或活动，并依其学习速率与状况自主学习，而且于完成活动时必须收拾，物归原位。整个活动历程中幼儿自己做决定，自己主导学习，并自我完成清理工作，实有助于其发展独立自主精神与责任感。

（四）培养社会性技巧

兴趣区实有助于培养幼儿的轮流、等待、分享、合作、协调等社会性技巧。有些兴趣角域特别需要运用人际互动、合作协调等社会性技巧，当幼儿在合作协调的过程中，必须释出善意，减少自我中心，站在他人观点思考并学习妥协观点，确实有利社会性技巧的提升。例如娃娃家与积木角就是两个特别凸显社会性技巧的角落。当孩子在娃娃家扮演时，必须与其他幼儿协调角色分派、剧情内容与道具运用；当孩子在积木区建造城堡、高速公路等造型时，通常需要与他人协调合作、共同建构，或将平行建构的造型拼组成一个新的有意义整体。而在其他区域有些活动或游戏内容也是需要适度的协调合作，如益智角的拼图、建构玩具等。此外，当儿童由一个角落欲进入另一个角落时，由于人数限制，他必须与该角落中的幼儿协调进入游戏时间。

（五）增进语文沟通能力

复合活动房内的兴趣区也有助于语文沟通能力的发展，如上述幼儿在娃娃家、积木区、益智区等的合作性活动，在人际互动、合作协调的历程中，幼儿必须运用语文，正确表达、沟通想法并释出善意。最明显的是在语文区，无论是阅读绘本、听老师（录音机）说故事、运用傀儡台演戏、幼儿间互相讨论故事内容等，均有助于语文能力的练习与发展。

（六）统整幼儿学习与促进全人发展

多样的兴趣区提供了不同领域的游戏或活动，图书区、积木区、益智区、创作区、科学区、音乐区等代表了不同领域的学习内容，提供了均衡整体的学习经验，有利于全人发展。举例而言，在《可爱的宠物》主题中，娃娃家可以布置成宠物医院，儿童可以扮演医生、宠物、护士等，借以理解职业与工作及与宠物疾病相关知识；积木区可以盖宠物旅馆，供宠物居住，让幼儿学习如何照顾宠物与理解宠物照护相关行业；语文区可以阅读相关绘本，增进宠物相关知识；创作区可以绘各种宠物，做各种宠物造型，或帮宠物做衣饰；科学区可以真正豢养宠物，让幼儿随时观察；音乐区可以运用肢体律动，舞出宠物的可爱，如猫静走、龟慢爬、虫蠕动、兔速跳等。换言之，幼儿可从不同领域、不同面向去探究或理解宠物主题概念，增进对宠物的知能，实可统整幼儿的学习，促进全人均衡发展。

综而言之，可依个别能力、状况选择的兴趣区，其所提供的活动符合幼儿发展与学习特性，如探索建构性、具体经验性、个别差异性与渐序发展性等；此外，还须能激发学习动机，增进社会性技巧、语文沟通技巧、认知能力、自主负责能力，以及整合幼儿各方面的学习，实达全人发展之效。

三、兴趣区的设计原则

在第二章第三节有关环境理论与研究的相关论述中，指出幼儿活动室具多样兴趣区的精心规划是很重要的；在另一方面，为实现本书所揭示的幼儿学习环境规划通则——游戏探索、多元变化、互动交流、弹性潜能、温馨美感、健康安全，有关幼儿活动室兴趣区的实际规划与设计，经笔者分析，要注意以下细节原则。

（一）做整体性多元区域规划

复合活动房的规划，始于统整考量空间条件、幼儿与课程所需及所欲设立兴趣区的性质，整体规划成多样的半封闭学习区域，就此，教师应先对自己的教学目标，所欲促进的幼儿发展领域及其对应的兴趣区域有清楚的了解。此外，还必须对整个活动室内外空间做全面性考量，包括活动室外围周边环境、出入口空间、内部水源与采光处、各学习区空间、学习区间关系，以及连串内外与各区的动线通道等，因为诚如行为情境论所示，整个活动室内外空间是相互影响与依存的，不能只考量个别学习区而已。若考量各班空间限制，无法广设多元角落，则可以考量两或三班形成互惠支援体系，即每班仅设少量兴趣区，但各班所设兴趣区不同。各班间互惠支援正如前节所述，两班临界共同厕所与午休律动室，形成一共生体系。至于具体规划考量与步骤包括定位全活动室中最静最吵处、向阳背阴处、近水离水处，观察活动室四周、廊道使用情况及人行穿越干扰状态，调查壁面面积与橱柜开口状态等，然后才能将所欲设立各学习区在活动室平面空间上配置。简言之，必须先对整个活动室内外环境做大致的状况调查与功能区分。例如出入口空间是动线汇集之处，必须留有宽广进出空间，其旁必须以矮柜区隔动线与兴趣区域，且仅能考量设立使用桌面且较不受人行践踏或干扰的学习区，如娃娃家；活动室某面是阳光易及之处，可考量将其规划为科学区；两班临界的共同厕所区旁因有水源，可考量设置创作区或美劳区。

（二）依同邻、异分原则配置

活动室空间按机能大致区分后，接着则进行多样空间的平面配置具体工作，此时还要依循同质互惠原则与异质分离原则，尽量让同性质兴趣区域相互为邻、彼此互惠与支援，如娃娃家与积木区，而不同性质的兴趣区域则必须适度分离，以免相互干扰。异质分离平面配置包括动静分离原则——动态区域如积木区、娃娃区应与安静区域如图书区、益智区相区隔；以及干湿分离原则——须使用水的区域如美劳区，须与干燥的区域如图书区适度分隔。我们可参考张世宗（1996）提出的十字定位分析法，以此动、静、干、湿向度，将幼儿活动室分为数区加以配置。同邻异分是平面配置的具体策略，然而在实质规划时，还是必须将整个活动室做全面性综合的考量，不致顾此失彼。

（三）示明确界限与内涵

每一个兴趣区空间都要有清楚的界限、明确的空间与活动属性，让幼儿明白知道在该空间应表现何种适宜的行为模式。而每一个兴趣区域为确保空间范围并能让幼儿显现适当的显著行为模式，最好是半封闭设计。我们可以使用可移动的矮柜确立空间界限，并（或）辅以地毯铺陈、有色胶带标示、地板落差（如图 5-2-9 台湾新竹市及幼幼儿园的语文区）、活动小平台、帘幕垂吊（如图 5-2-10a、图 5-2-10b 台湾新竹市天堂鸟托儿所）等，以形塑半封围空间范围。此外，每一个兴趣区要有清晰的活动内涵与氛围，例如创作区是鼓励活用创意的地方，可借提供多样、丰富、可变的开放

图 5-2-9

图 5-2-10a

图 5-2-10b

素材，陈列创意的作品与布置创意的空间等方式，引发合宜创作行为；而图书区是安静阅读的温馨小空间，可通过立灯、地毯、软骨头、小沙发等营造氛围，引发静态阅读行为（如图 5-2-3a、图 5-2-3b、图 5-2-3c、图 5-2-3d）。

（四）设流畅动线

在各个半封闭设计的兴趣区间必须注意其间的动线，务必使之流畅、便捷（图 3-1-2a），避免经常绕道而行、干扰活动进行或碰撞家具等状况。因此，此一动线要有一定宽度并直接连接到较宽广的出入口空间，让出入口能迅速吞吐人潮，也让行走于各兴趣区间，正在做选择或观望他人活动的幼儿不致相互碰撞，且可促进幼儿间的互动交流。简言之，活动室内要能自由活动、畅行无阻，以符合健康安全、社会互动的规划通则。

（五）具综览视线

一个规划成多样的半封闭小空间的复合活动房，其分隔的柜子或立板绝对不能太高，尤其是抒发情绪、独处的隐秘小角，它虽然位于教室的一隅，但其整体动态应是在老师视线可及之处。低矮的隔柜或立板，一方面便于教师综览幼儿整体探索状况，以便适时介入、参与或提供协助，一方面方便幼儿选择所欲进入的兴趣区域。简言之，一个规划成综览无遗的数个半封闭兴趣区的活动室，无论在教学互动上或幼儿探索上都有实质益处，它是让多元变化的幼儿活动室符合健康安全、发挥游戏探索效用之要件。根据 Dunn、Dunn 与 Perrin（1994，转引自汤志民，2001b），有时为利于视线穿透与综览，可利用纸链（图 5-2-11）、胶圈、彩线（图 5-2-12）或细绳区隔兴趣区，提供可透视但具隐秘性的分隔空间。

图 5-2-11

（六）重安全考量

任何空间的设计都要注意安全，复合活动室内兴趣区的设计也是一样，安全为要。因此像是易碰撞的尖角隔柜就要避免；

图 5-2-12

此外动线宽敞平坦也是重要安全要素，可防止幼儿间的碰撞；其他如插头处要尽量加盖，或隐藏在柜后，均有助于幼儿探索活动的安全性；而上述综览无遗的视线设计，也是为了幼儿整体安全考量。特别值得注意的是，尽量不要以两个小矮柜堆叠作为区隔兴趣区域方式，以免柜落砸人发生意外状况。

（七）创弹性可变设计

幼儿活动室空间应是容许弹性运用与变化的，以呼应主题课程与幼儿的各种需求，落实多元变化与弹性潜能的规划取向。例如大积木区收拾清理后，就可变成大讨论区（如图5-2-13、5-2-14台湾新竹市天堂鸟托儿所）；将毗邻的娃娃角矮柜推向墙面倚立，联合大积木区，就成为律动场所；安静的图书角一隅，也可成为老师处理幼儿问题行为之处。正因为要弹性变化，作为临时界隔空间的小矮柜、垂吊的布幔、巧拼地板、移动式双层平台（图5-1-8）、地毯等就显得十分重要；甚至运用地板高低层次变化或活动式地板家具，也可创造各种弹性变化空间（刘玉燕，1993），如前节所提及的小阁楼就是很好的例子（图5-1-7a、图5-1-7b、图5-1-7c、图5-1-7d）等。此亦即Moore等人（1996）所提出的富有弹性家具与能回应需

图5-2-13

图5-2-14

求、动态调整的环境设计模式，如此，才能营造一个胡宝林等（1996）所建议的可时常变动、互换的空间组织设计模式。

（八）应情境布置

复合生活房中的兴趣区规划之后，还必须配合主题课程，在情境上加以布置，以符应主题气氛与情境；而且部分活动与游戏内涵、教具也要定期更换与补充，以发展幼儿多样能力与满足幼儿多元需求。因此活动室中兴趣区域的数量与游戏材料是经常变动的，有时配合主题需要，可能出现办公室区、加油站、商店角等区域。此外，还必须配合季节时令，引入植栽或自然界实物（如松果、芒草、蝉壳等），以达绿化、美化、温馨、美感效果并与自然融合（图 5-1-16a、图 5-1-16b、图 5-2-5c、图 5-2-5d、图 3-1-9）。

最后值得一提的是，幼儿教师在视课程、幼儿需要与整体空间状况做活动室内兴趣区的整合规划后，必须分析其规划设计是否支持幼儿全方位的游戏行为（Phyfe-Perking & Shoemaker, 1986），只有这样，才能实现幼儿学习环境规划的多元变化与游戏探索通则。然而有时幼儿活动室是设计不佳的，这就需要依赖教师的创造力了。一个具有反思能力的老师应会把焦点关注于如何可以扩大建筑空间的学习潜能上，并尽量改善一个较差的学习环境，使之提升质量（Dudek, 2000）。例如教室三面墙脚下缘皆有嵌入内墙的柜子，或许在有些情境下是有用的，但对有多元兴趣区需求的幼儿活动室而言却是个困扰。此时教师可以选择将柜门拆除，成为开放式的教材陈列处，或是废弃某个墙面内柜（将比较不常用的材料储存于此），并美化柜外门面或贴上海报，将其纳入兴趣区空间中，成为兴趣区中的一部分。

综而言之，幼儿活动室在功能区分与平面配置后，呈现可供游戏探索与互动交流的多元变化兴趣区域，这些兴趣区域的规划与设计，基本上也是符合幼儿学习环境规划的健康安全与温馨美感通则的，而且也非常强调弹性潜能，让活动室配合主题课程与幼儿需要，具有多功能并能弹性调整，是一个复合式的活动室。更重要的是，它也是一个复合式的生活房，满足幼儿全方位的生活需求以及游戏、探索与学习需求。

第六章

户外游戏场规划与设计

幼儿的最爱——户外游戏场也是一个教育的环境、学习的场所，它是室内教育方案的延伸，必须与室内学习环境以同样的态度加以审慎规划（Brown & Burger, 1984; Essa, 1992; Frost & Dempsey, 1990）。其实根据第二章的环境行为理论论述，户外游戏场与幼儿活动室均为幼儿园生态体系内的微系统，皆须妥善规划。本章即针对户外游戏场的规划与设计加以探讨，为呼应文献以及本书所归纳幼儿学习环境规划通则，第一节提出全方位户外游戏场的诉求与其内涵，第二节论述全方位户外游戏场的设计原则，第三节则探讨全方位户外游戏场焦点——大型组合游戏结构的细节设计。

第一节　全方位游戏场的诉求及其内涵

一、全方位户外游戏场的诉求

有关户外游戏场的类别大体上分为传统游戏场、当代游戏场与冒险游戏场三大类，本书则提倡一个满足幼儿全人发展的全方位户外游戏场，此一全方位户外游戏场具有大部分当代游戏场的特征并含有一些冒险游戏场的元素,彼此互惠互补,同时也符合第一篇所揭示的幼儿学习环境规划诸项通则。以下则论述之所以推崇一个全方位户外游戏场的缘由。

(一)研究启示——三种游戏场具互补功能

所谓传统游戏场(图6-1-1a、6-1-1b)意指由许多各自独立的金属运动设施所构成的游戏场地,如溜滑梯、跷跷板、攀爬架、旋转木马、秋千等,每一个设施基本上都是单独架设,且其形式多半是一字排开;所谓当代游戏场通常意指以具有多功能的大型组合游戏结构为主体的游戏场,由于经过商业制造与包装,在外形上显得较为精美(图6-1-2a、图6-1-2b、图6-1-2c、图6-1-2d、图6-1-2f、图6-1-3a、图6-1-3b、图6-1-3c、图6-1-3d),但其实也有社区自行合力订制(组装)完成的木质结构(图6-1-11a、图6-1-11b);至于冒险游戏场则具有许多可让儿童建构他们自己的游戏结构的、多样可移动的附加材料与工具,如废弃轮胎、容器、长条木板、木工工具等,在外形上比较像是放置许多回收物体的后院(江丽莉等译,1997;侯锦雄、林钰专译,1996)。

有些研究的确显示当代游戏场比传统游戏场有较多的想象、创意

图 6-1-1a

图 6-1-1b

戏剧行为发生（Campbell & Frost, 1985; Susa & Benedict, 1994）；然而根据其他研究显示，当代游戏场并不见得比传统游戏场优良，例如Brown和Burger（1984）曾研究六个学前户外游戏场，发现较为当代设计的游戏场并不必然会促进较多的社会、语言或肢体行为；Hart与Sheehan（1986）也发现传统游戏场与当代游戏场在口语互动、社会性游戏与认知游戏上也没什么不同。事实上，每一种游戏场均会引发不同种类的游戏行为，诚如Moore（1985）的研究显示，冒险游戏场较支持认知游戏，邻里游戏场较支持社会性游戏，传统游戏场较支持肢体游戏；不同种类游戏场间具有互补的关系，没有一种游戏情境是可以提供所有儿童的游戏活动与发展需要。

既然没有一种游戏场是足以满足所有孩子与全人发展的需要，因此，各种游戏场皆有其存在的必要性，并应彼此互补、相互支援。就此，Cohen等人（1992）提出了一个整合式的社区游戏场概念——广泛性游戏场（comprehensive playground），内含各种游戏场的特征与满足不同年龄层的多样游戏；不过Cohen与Moore等人的更大诉求是应联结各种种类的游戏环境，使之成为一个全面性的游戏网络。笔者以为，这样一个满足不同年龄层发展需求和提供多样游戏形态的广泛性游戏场概念可用于幼儿园，不仅因为幼儿园囊括大、中、小班三种年龄层，最重要的是，强调多样游戏形态的提供着实符合幼儿全人发展的需求；诚如本书第二章第三节环境行为理论所示，以及根据杨淑朱、林圣曦（1995）的研究显示，具有多样化游戏器具的游戏场，确能提升较高的游戏质量，也有利于孩子身心各方面的均衡发展。

（二）符合幼儿全人发展及内在个别差异的游戏场——全方位户外游戏场

Frost（1987）以及Frost与Dempsey（1990）曾建议，一个符合

发展的游戏环境应包括符合各年龄层，能增强所有形式游戏的设备、材料、空间与活动，以及具有复杂的超级游戏结构与简单可移动的组合材料；如三至五岁幼儿游戏场包含运动的游戏设施（如爬、荡、转、滑等）、戏剧与建构游戏的可移动附加材料（loose parts）、有规则游戏的平坦草坪区、独自与平行游戏的半私密区等。Guddemi 与 Eriksen（1992）则指出户外游戏场应基于儿童的希望、兴趣、需求等，备有许多发展适宜的经验与机会，可以让孩子在情绪社会、认知与体能方面充分发展与学习；换言之，应支持幼儿各阶段游戏与全人发展需求。Vergeront（1988）亦指出，一个好的游戏场除了一个游戏结构外，还必须包括供追赶跑跳的开放区域、翻滚嬉戏的区域、少数人可聚在一起的舒适小角落、有坡地的自然景观区、孩子可种植的种植区、沙水区、有轮车辆骑乘区、木工区、动物区等多元区域。Essa（1992）也认为户外区域不仅是孩子发泄精力与运动身体的地方，它应该也要提供促进社会化、认知与语言发展、感知觉探索、创意表达、欣赏自然的机会。诚如 Moore 等人（1996）所言，户内与户外活动区域唯一不同处在于一个有屋顶，一个没有屋顶，然而两者均应作建筑景观规划，以及提供满足孩子发展需求的多样性活动。

综上所言并承续本书第二章环境行为理论所述，户外游戏亦应如同活动室内部，规划具有不同社会接触、指导方式与学习方式的多样游戏区域以符应与满足幼儿的内在个别差异性，并进而促进全人发展，因此本书提出全方位户外游戏场的建议。它是以当代游戏场为基础，兼容并蓄其他游戏场重要元素，具有多样的游戏设施、活动与区域，不仅满足幼儿各领域的发展需求，如认知、体能、情绪社会等，而且符应依不同时间与情境而变化的幼儿内在个别差别性，是一个具复合功能的游戏场。

二、全方位户外游戏场的内涵

所谓全方位户外游戏场是以当代游戏场的重要成分——一个大型组合游戏结构为主体，并配合其他多样游戏区域与各种移动性附加零件，其间则以循环动线统联之；其整体设计满足幼儿体能、情绪社会与认知等全人发展需要，也考虑多样种类的游戏形式，如有规则游戏、表征游戏、练习游戏、平行游戏、合作游戏、独自游戏等。我们认为 Essa（1992）所言甚是，提升户外区域的品质也可像活动室规划一样，创造一些明确的学习区域。此一全方位户外游戏场的重要游戏区域与内涵如下。

（一）组合游戏结构区

所谓组合游戏结构是指木造或塑胶制造的大型立体联结式游戏设施，提供孩子水平面与垂直面多样可连续的游戏活动。虽然它的尺寸规模、形式与材质多样（图6-1-2a、图6-1-2b、图6-1-2c、图6-1-2d、图6-1-2e、图6-1-2f），却有些共同特征：（1）在组合游戏结构上或多或少均会提供多种且不同挑战程度的大肢体活动，

图 6-1-2a

图 6-1-2b

图 6-1-2c

图 6-1-2d

如荡绳、攀爬绳网、攀爬绳梯、吊环横杠、单杠、秋千、滑梯、消防滑杠等（最常见的是不同高度、弯度的滑梯，如图 6-1-2a、图 6-1-2b），将传统游戏场各自独立的体能游具加以组合并置（图 6-1-3a、图 6-1-3b、图 6-1-3c、图 6-1-3d、图 6-1-3e）；（2）于不同层级设有各种尺寸的平台、小空间，可供社会性游戏或戏剧扮演用（图 6-1-4a、图 6-1-4b、图 6-1-4c）；（3）结构本身也可与认知游戏结合，如设哈哈镜、蜻蜓传声筒、反光镜、井字游戏（图 6-1-5a、图 6-1-5b、图 6-1-5c）、立面拼图、音钟（图 6-1-6）等。

当然组合游戏结构也可加入创意造型、变化以及科学原理，增加游戏的趣味性与探索性，如日本学者仙田满（侯锦雄、林钰专译，1996）的游戏设计——风城堡垒、大型坡面、天网、环形跑道、嵌板隧道、巨管游具等，就是非常具有创意与新奇想法的结构。Kritchevsky、Prescott 与 Walling（1977）将游戏单位分为简单、复杂与超级单位，此一组合游戏结构即具有复杂，甚而超级特性的游戏单位；Frost（1992b）指出，复杂、多功能、行动取向的游戏设施比单一功能、静

图 6-1-2e

图 6-1-2f

图 6-1-3a

图 6-1-3b

图 6-1-3c

图 6-1-3d

态的设施在强化游戏与发展上要来的优良。因此组合游戏结构符合幼儿学习环境规划的游戏探索、多元变化、互动交流、弹性潜能等通则。有关组合游戏结构的细部设计要点将于第三节专门讨论。

图 6-1-3e

图 6-1-4a

图 6-1-4b

图 6-1-4c

图 6-1-5a

图 6-1-5b

图 6-1-5c

图 6-1-6

（二）自然种植区

幼儿学习环境应与大自然和谐共生，创造温馨美感，甚而回归自然、让孩子在大自然中游戏探索是本书的主要诉求之一，Prescott（1987）亦言，儿童需要有一种处在自然的感觉（a sense of being in nature）。树木与植被的价值无限，它可以让孩子攀爬、躲藏、休憩、观赏；或利用其枝叶、果实做扮演游戏；而其发芽、开花、结果的生命力展现及带来蝴蝶、蜜蜂、昆虫等小生物，也能丰富孩子的认知经验且足可涵养情意。因此户外游戏场必须充满绿意植被，且需特别规划一个自然种植区，一方面成为游戏探索区，一方面提供遮荫效果，此外也达到环境美化以及陶冶性情的多功能效果。而在自然种植区中要特别保有一块幼儿可以亲手种植的小园圃，无论是种花或种植青菜均是非常宝贵的经验，可让孩子建构生命周期、植物、昆虫与生态等相关概念。甚而孩子可在此挖土、引流、堆叠、搅拌，体验沙、水、土特性。我们非常认同 Rivkin（1995）所言，学校或托育中心若缺乏自然区域，无异是欺骗了孩子，对不起孩子。

（三）草坪嬉戏区

除了借助大型组合游戏结构外，孩子的大肢体活动也可以是直接与泥土亲近的翻、滚、爬、溜、跑、跳等。因此户外游戏场要保有一块绿地草坪，并在其周边种植可遮荫的大树，让孩子有一种处在自然的感觉，而且可以在此区进行多样活动，如自由运动嬉戏、进行团体游戏、建构可移动附加零件、安静休憩或观赏他人游戏等，甚至也可以将画架立于此处，让孩子一面欣赏自然一面绘画美景，图 6-1-7 台湾新竹市立幼儿园就拥有许多植被与绿地 (亦见图 6-1-8c)。除以上功能外，开放草坪嬉戏区亦如同自然种植区，实具弹性潜能，它也可成为野餐、亲师 (子) 联谊活动区以及自然探索处。如果草坪区能配合一些地势起伏，如小山丘、小洼地，则更增加游戏的变化性、刺激性与挑战性。

图 6-1-7

图 6-1-8a

图 6-1-8b

图 6-1-8c

图 6-1-9a

图 6-1-9b

图 6-1-9b.1

图 6-1-9c

（四）沙/土与水区

　　户外游戏场要设置一块沙土区，可置于组合结构下或其分开设置（图 6-1-8a、图 6-1-8b）；并提供容器、铲子、花洒、小水桶、勺子、漏斗、天平、木板等可移动附加零件，让孩子探索沙/土特性，增加沙/土游戏的多元性与价值性，图 6-1-8c 是台湾新竹市立幼儿园的小沙箱设置，方便移动与更换沙土。如果幼儿园空间够大，最好设有一亲水区、小泳池甚至是生态池（图 6-1-9a），让孩子体验水的特性或生态概念；如果空间有限，类如水箱与喷泉的设计（图 6-1-9b、图 6-1-9b.1），以及设有水管并运用一小块空间的小戏水池（如图 6-1-9c），也是可行的策略。小泳池或亲水区在冬天时，可将存水放掉成为一个聚集活动、说故事的场所，也可成为表演舞台。一般而言，沙/土区最好邻近水区，因为沙、土与水的结合可发挥互惠效果，提供很棒的探索体验，并且 (或) 设有接水器、洗脚冲沙设施。

(五) 硬表层多功能区

户外游戏场除充满自然与泥土芳香外，可以在铺面上加以变化，设一硬表层多功能区，让孩子在此骑乘三轮车、行驶小汽车、溜骑滑板车、推拉手推车等 (图 6-1-10a、图 6-1-10b、图 6-1-10b.1)；此外，还可以进行有规则游戏如跳房子，或是以粉笔、湿拖把绘画地面，或是建构与操作移动性附加零件，非常具有弹性潜能，可回应孩子的多元、多变需求。我们建议硬表层区最好邻近储藏空间或活动室，并能加上顶棚成为半户外空间，让孩子在下雨天也能出来舒展筋骨，如游戏、律动与骑乘活动等，并作为室内活动的

图 6-1-10a

图 6-1-10b

图 6-1-10b.1

延伸，如以画架绘图、观察雨景、做木工等。

（六）附加零件建构区

多元、可移动附加零件是很重要的，它可以激发广泛多样的游戏形式（Frost, 1992b），因此户外游戏场最好能设有一块固定的建构区，让孩子可以在此运用可移动的附加零件加以建构或操作，如长形木条、木板、轮胎（图 6-1-11a、图 6-1-11b）、塑胶框架、大型积木、绳索、铲子、桶等。Shaw（引自 Rivkin, 1995）则将可移动式的附加零件分为数类：大的可移动物件（如大积木、泡棉块、轮胎等）、建构材料（如箱子、毯子、板子等）、容器（如桶、盆子、水罐等）、自然物件（如树枝、石头、松果、沙、水等）、有轮玩具（如三轮车、小篷车、小推车等）、玩具（如球、跳绳、娃娃等）、工具（如槌子、锯子、螺丝等）、游戏场设施

图 6-1-11a

图 6-1-11b

(如滑轮等)。我们建议附加零件建构区设有木工桌或创作桌并邻近储藏空间，便于操作并拿取附加零件。如受限于空间，可将硬表层区或草坪区加大，与建构区适度结合，以供弹性运用。

(七) 隐秘／游戏小屋

孩子有躲藏自己的需求，在户外游戏场自然地形的一角 (图6-1-12a)，或邻近大型组合游戏结构旁 (图6-1-8a、图6-1-12b) 与其底部，建议设置一或两个包被的游戏小屋或隐秘小角落，如钉制的木头小屋，让情绪高涨想退避自己的小孩，或是有安静、躲藏自己需求的小孩有地方可去；而且也让天马行空的戏剧扮演游戏变为可能，因为这个小屋可以是基地、电影院，也可以是商店、医院，取决于幼儿的想象。在此游戏小屋或隐秘小角中，可提供移动性附加零件，如塑料布、

图 6-1-12a

图 6-1-12b

大垃圾袋、木板、大积木、塑胶娃娃、篮筐等，让幼儿自己布置空间或玩想象、扮演游戏。其实只要在大型组合游戏结构上提供附加零件，幼儿也会自己创造一个包被的小空间，在此，孩子可以是一个人独自静处或游戏，也可以是两三位幼儿分享或玩扮演游戏。

（八）动物观察区

孩子都很喜欢小动物，亲近与观察小动物不仅可以安抚幼儿的心，而且可以培养爱护动物的情操，进而了解动物的习性与生态；如果幼儿园有足够的空间，建议在自然种植区旁，尤其是有地势起伏的小土丘设一有棚篱的动物观察区，饲养温驯的兔子、猫或狗等。例如图 6-1-13 台湾新竹市立幼儿园的兔子，它会自行挖地道四通八达，提供幼儿上好的游戏探究经验。

图 6-1-13

（九）其他空间

观赏也是一种学习，如果幼儿园空间够大，建议设置休憩观赏区（如图 6-1-14，台湾新竹市立幼儿园的木质休憩观赏平台）或小舞台区，舞台区可以是高出地面的结构或内凹的结构，如专设的小舞台；也可以是弹性权变的，如上述的小水池在冬季就可成为舞台或说故事小空间；而加大的台阶，自然就成为观赏区。此外，还建议设有一留

图 6-1-14

白区，让游戏活动可以更加弹性变化，当然如受限于空间，留白区可以与草坪区、硬表层区结合，以加大以上两个区域空间的方式，让这两区的运用更加弹性，可因应各种游戏与活动需求。另外储存游具如三轮车、滑板车、小推车等及可移动附加零件的储藏小空间也是必要的，以防游具或附加零件日晒雨淋、生锈腐蚀。储藏室建议设有斜坡道，让轮车可以自然滑下，以增加游戏的变化性，而其两旁可分别设置附加零件建构区与硬表层多功能区，以方便游具与附加零件的收拾、储藏与取用。当然户外最好也要有厕所，让尽情游戏中的幼儿能立即得到生理上的解放。

综上所述，可见全方位户外游戏场充满自然绿意，包括多样游戏区域与游戏行式，是一个促进全人发展的复合多功能场所。除体育游戏外，其实所有室内课程领域如说故事、美劳创作、科学体验、感知觉活动等，亦可在此进行，满足幼儿全方位发展需要。在第一篇我们基于幼儿发展特性与需求观点，再加上当代幼教趋势等新思潮，揭示出幼儿学习环境六项规划通则——游戏探索、多元变化、互动交流、弹性潜能、温馨美感与健康安全；无疑地，全方位户外游戏场非常具有"多元变化"与"游戏探索"特征，当然也是可促进幼儿间与成人间"互动交流"的一个具有"弹性潜能""健康安全"与"温馨美感"设计的游戏空间，它符合幼儿学习环境规划取向。

第二节　全方位户外游戏场的设计原则

游戏场大师 Frost（1992a；Frost & Klein，1979）以及 Frost 与 Klein（1979）曾提出规划游戏场区域应考虑五项因素：（1）具有复杂、多功能的结构物；（2）能反映多样游戏的区域与设施；（3）提供戏剧游戏的整合性结构与设施；（4）界定视线相连的各区界线；（5）具有联系各区与引导作用的流畅动线。Cohen 等人（1992）在《儿童游戏区域》报告中则提出有关游戏环境的数十项模式建议，包括基地组织原则、活动空间模式、游戏空间一般设计、基地细节设计等几大部分。在"基地组织原则"部分的建议有：分离且相连的区域划分、回路动线、继续性与分支活动、一些程度的遮挡等；在"活动空间模式"部分建议有：硬表层游戏区、开放草坪游戏区、孩子的花园、创意游戏区、设计的游戏结构等；在"游戏空间一般设计"部分建议有：挑战性环境、安静的巢穴、便携式附加零件、清晰的成就点；在"基地细节设计"部分建议有：小山丘也是游戏设施、户外储藏室等。

笔者复归纳学者们有关户外游戏场相关文献，发现多样变化性、创造性（想象、新奇）、安全性、便利性、发展性、挑战性、游戏性、艺术美感性、多功能性等几项特性是较常被提及的设计原则（表 6-2-1），这与本书第一篇综合幼儿特性与需求及当代新思潮所揭示的幼儿学习环境规划通则——游戏探索、多元变化、健康安全、温馨美感、互动交流、弹性潜能，实际上非常相近。

表 6-2-1 户外游戏场设计原则文献分析表

	汤志民 (2001a)	简美宜 (2000)	游明国 (1993)	Frost (1992a) Frost & Dempsey (1990)	Cohen et al. (1992)	Bowers (1988)	Esbensen (1987, 1991)
多样 (变化)	✓	✓	✓	✓	✓	✓	
创造 (想象、新奇) 性	✓		✓			✓	✓
安全性	✓	✓	✓			✓	
挑战性	✓			✓	✓	✓	✓
便利性	✓	✓		✓	✓	✓	✓
发展性	✓			✓	✓		
多功能性		✓		✓	✓	✓	
游戏性 (趣味性)			✓		✓		✓
艺术性 (美感或自然)			✓		✓		✓
统整性	✓				✓		
参与性		✓			✓		
社交性		✓			✓		
自理性		✓			✓		
动作性		✓			✓		

以下依据这些规划通则上述文献分析，进而提出全方位户外游戏场的具体规划与设计原则。

一、做整体性多元区域规划

户外游戏场的空间规划与室内空间相同，始于统整考虑户内外空间关系、自然与人为环境条件以及所欲设立游戏区的质与量，若作整体性考量，则具体考量要素应包括声音大小、与办公室视线相连情形、日照与风向等。举例而言，通常草坪嬉戏区为顾及遮荫效果，最好设于大树下；硬表层区与附加零件建构区为方便收拾与管理，最好毗邻储藏空间；而为方便行政服务人员与安全考量，行政办公室的视线要能望及户外游戏场，但园内的重要动线绝对不能横穿整个游戏场，造成游戏中断与危险。至于所设游戏区域，基本上要尽量做到全面顾及各种游戏形态，如体能游戏、社会戏剧游戏、认知游戏、练习游戏、有规则游戏等，而且也要涉及不同的游戏参与人数，如独自游戏、平行游戏、合作游戏等，整体规划成有如Cohen等人（1992）所指——彼此分离但视线相连的多元半开放区域。其次，在空间具体配置上要秉同质互惠原则与异质分离原则，将比较嘈杂的区域与比较安静的观赏区域或隐秘小角落，彼此分离设置，而将可以互惠的区域如沙土区与水区相邻并置，并将最嘈杂的区域配置于离活动室较远的位置，以免干扰活动室内的活动进行。最后各游戏区域配置后，可借矮篱、植栽、轮胎等界定明确的活动范围，并善用自然与物理环境特性营造每个游戏区域的内涵与氛围。此一整体性多元区域划分原则，旨在落实幼儿学习环境规划的"多元变化""游戏探索""健康安全""互动交流"等通则。

二、设组织各区的循环且分支动线

在将游戏场地划分为各种游戏单位与潜在单位后，必须加以连串组织，根据 Kritchevsky 等人（1977）所述，好的组织准则在于有一清晰宽广的动线与足够"空"的空间。在另一方面，幼儿的游戏活动最好是流动的、持续的，因此一个循环式的动线似可考虑。此循环动线不仅要宽广而且要有分支设计，让结束一个游戏活动的孩子可以迅速且舒服地选择并转移到下一个区域，或选择退避休息离开游戏区域，不致彼此碰撞或就此突然结束活动；而且也可以增加孩子们社会互动的机会，最重要的是也可以让教师综览整个游戏场的活动状况。此即 Cohen 等人（1992）在儿童的游戏区域报告中所提出的"继续与分支"、"回路动线"设计模式；而仙田满（侯锦雄、林钰专译，1996）也认为一个令人满意的游戏空间及设备需具备循环游戏的要件。此一串连各游戏区域的宽广且分支的循环动线，旨在落实幼儿学习环境规划的社会互动、健康安全与游戏探索等通则。

三、重自然景观与微气候

户外游戏场首重回归自然，让孩子受到大自然的熏陶，并在其中探索游戏。因此，户外游戏场一定要有充足的自然因子与景观，让孩子舒适地沉浸在大自然中探索游戏。由于当代社会生活让孩子越来越远离自然环境，因此托育中心与学校必须帮助儿童与自然世界重新联结，而户外空间则是让此联结开始的重要地方（Rivkin, 1995）。学者胡宝林等（1996）在《托育空间设计研究》报告中非常推崇"与自然共生"的环境理念，如设有生态池、有机果菜区、田野生物教室、鸟园，与四季变化的植栽、绿化屋顶、围墙、花架等；Cohen 等人

（1992）特别重视绿草小坡与植栽景观设计，不仅可定义活动区域，成为重要的游戏设施，而且可提供遮荫效果。我们认为，在城市中的幼儿园绿地得来不易，但也要尽量绿化，引入自然因子。此外，为让孩子舒适地探索游戏，尚须慎选游戏场所坐落方位，引入充分的阳光、空气外，以及须有适当的遮荫效果，以创造最佳的游戏场微气候。此一重自然景观与微气候设计原则，实可促进幼儿学习环境"温馨美感""健康安全""游戏探索""多元变化"等规划通则的实现。

四、创挑战、创意与想象情境

游戏场的游戏设施或活动要具有挑战性，让孩子可以依自己的能力选择不同程度的挑战活动，例如滑梯可以有宽平低矮的短滑道、较高且直的中滑道，及高耸且弯的 S 滑道等不同设计；攀爬设施可以是垂直绳梯、拉绳与斜板、攀爬网绳等不同形式。而且，游戏设施与游戏情境在造型与功能上尽量创意新奇，不仅会引发幼儿的游戏兴趣，而且也能从游戏中玩出创意，就此，第一节所述日本学者仙田满所设计的许多游具设施与游戏情境，均是新奇与有创意的，有些甚至结合声音、光线、风、力学等科学体验，可供参考。此外，游戏情境与游戏设施也不能太具体，要有适度的模糊性，引发幼儿的想象力（Cohen et al., 1992）；的确，一个外形看起来四不像，有点像什么又不太像什么的物体，会带给幼儿无限的遐想，玩出许多想象性游戏、戏剧游戏与社会游戏。此一挑战、创意与想象情境设计原则，实反映幼儿学习环境规划的"游戏探索""多元变化""弹性潜能"与"社会互动"等通则。

五、保留白或弹性空间

户外游戏场要尽量保有一块留白（空）的空间，这块空间非常具有弹性，随时满足孩子们游戏与课程的需要。Kritchevsky 等人（1977）就曾提及好的游戏场组织原则之一在于有足够空的空间；此外，他们又将游戏空间内涵分为"潜在单位"与"游戏单位"，当游戏材料增加时，潜在单位就变得很有用处。在城市中的幼儿园受限于空间，可尽量朝向多功能弹性设计，将留白空间与其他空间适度结合，如借加大草坪区或硬表层区使具留白功能，让这两个区域不仅用作嬉戏、骑乘外，也可让幼儿操作与建构移动性附加零件，还可提供其他活动用途，如亲子活动、画架写生等。此项设计要点旨在落实幼儿学习环境规划的"弹性潜能""游戏探索"与"多元变化"等通则。

六、重安全与定期维护

游戏场最大的议题就是安全防护，孩子在游戏中要能安全无虞地在空间中移动自如。因此游戏结构与设施在严格安全地建设后，也必须定期加以维护，以确保其安全性。安全的范围包括很广，例如：（1）安全的距离——活动与活动间保有安全距离，如秋千与单杠间，或者是动线间也要有安全距离；（2）安全的铺面——跳落区与摆荡区的地面要铺上软质层面，如滑梯底、秋千底等；（3）坚固的构造——大型立体游具要稳固于地面中并且材质坚固、牢固紧密连接；（4）软质的摆动材料——会摆荡移动的设施其材料最好是软质的，如秋千坐垫等；（5）光滑的外部材质——如木质表层要光滑、木头游具没有松脱的钉子等；（6）干净与安全的沙坑——沙坑要定期曝晒与更换，并要检查里面是否有排泄物或尖凸之物等。

第三节 大型组合游戏结构的细节设计

由于大型组合式游戏结构是户外游戏场的地标与视线焦点，尤其是城市中心的幼儿园通常放置一座大型组合游戏结构后，空间所剩无几，本节就对其具体设计进行论述。Vergeront（1988）指出好的游戏结构有八项原则：符合发展、安全、复杂、挑战、创意、耐用、好维护、舒适；Bowers（1988）提出八项设计原则：所有儿童均能接近、安全落差的多层设计、多斜度设计、部分封闭空间、复杂性与刺激性、相连接的游戏区域、坚固材质与质量、抽象形体以刺激想象；仙田满（侯锦雄、林钰专译，1996）指出游戏设施要具有七项特征：环状游戏、变化性、具象征性的高点、提供晕眩兴奋感、具有大小型聚会平台、有捷径、多个出入口；Cohen等人（1992）则提出几项模式建议：富渐进挑战的大肌肉活动、能引到其他游戏的可辨识动线、具多功能活动、有撤退暂停点、有清晰的成果展示点等。笔者根据第一篇所归纳的幼儿学习环境规划通则——多元变化、游戏探索、弹性潜能、温馨美感、健康安全、互动交流，并综合以上学者的建议，提出大型组合游戏结构的八项细节设计原则。

一、重创意与多功能的组合游戏设计

一个大型组合的游戏结构应是一个具有创意的多功能游戏体，能将多样游戏创意地结合在一起。不仅具有各种基本的体能游戏设施，如单杠、攀爬网、吊环拉杠、滑梯、秋千、消防滑竿等，可以进行爬、拉、荡、吊、滑等大肢体活动；也要具有各层大小平台与空间，可以进行扮演、想象等社会性游戏；甚至可以是创意地与科学原理、操作活动相结合，可以进行认知、益智、音乐或美劳等活动，如反光镜、哈哈镜、音钟、蛇形传声筒、斜面、风向器、井字连线活动、立体嵌入拼图、涂鸦板等。而在结构体底下的空间通常是堆放沙土，并提供容器、漏斗、天平、砖块等移动性附加零件，增加游戏的多元性。幼儿在结构体上可以是一人单独地游戏，也可以是两三位幼儿一起进行平行游戏，甚至多位幼儿共同合作游戏。此外，创意也表现在整个结构体的造型上，它可以是不落俗套新奇的造型，也可以是引人遐想的模糊造型——堡垒、基地、宇宙飞船、工厂等；当然创意也表现在幼儿可运用移动式的附加零件上，在结构体上的平台上、小空间里，或结构体底下，进行建构游戏。整体而言，此一创意与多功能设计的组合游戏结构体，符应幼儿学习环境规划的"多元变化""游戏探索""弹性潜能"等通则。

二、创可选择的挑战性设计

一个大型组合的游戏结构应具有可依据自我能力而加以选择的各种挑战性活动，例如滑梯有宽平短梯、高窄长梯或S形弯梯等不同设计

图6-3-1a

图6-3-1b

图 6-3-1c

图 6-3-1d

图 6-3-1e

图 6-3-1f

（图 6-3-1a、图 6-3-1b、图 6-3-1c、图 6-3-1d、图 6-3-1e），吊环横杠有高低不同选择（6-3-1f）；不同平台间的联系有消防滑竿、楼梯、攀爬绳梯、斜板拉绳等设计。这样的设计让孩子斟酌能力、控制步调，有助于自信建立，而且也可以进一步挑战孩子的能力，有益于能力提升，实反映幼儿学习环境规划的"多元变化""游戏探索""温馨美感"等通则。

三、设高于地面的各层平台与衔接

一个大型组合的游戏结构应具有一些高度不同的层级设计，一方面让幼儿有渐进游戏与进阶挑战的感受；一方面可广泛观看周围环境，扩充孩子的视野；此外，还可以减缓孩子的游戏速度，增加社会互动的机会；甚至可以设置一个能够伸向四面的中央大平台，以吸引幼儿的聚集和互动。而不同层级平台间的联系也要设有不同挑战程度的斜面、梯子或消防滑竿等，以增加游戏的趣味性、多元性与挑战性。各层平台的设计实落实幼儿学习环境规划的"社会互动""多元变化""游戏探索""温馨美感"等通则。

四、具清楚的成就展示点与可撤离点

整个游戏结构体不仅要具有挑战性，而且当孩子完成挑战时，需有一个可以展示成就的平台，或是象征性的宣告动作如敲钟、在回音筒上发声等（Cohen et al., 1992）。此外，在孩子无法完成挑战前，必须要有可随时离开的撤离点，如一个由陡直梯子引导而上的尖塔，中间可能须间置三个平台，并由平台延伸至其他不同的游戏或其他出口，让害怕的幼儿随时可由任一间置平台自由离开游戏结构体，或选择其他游戏，不致感到挫败感。无论是成果展示点或可撤离点，均是考量幼儿心理状态的"温馨美感"设计。

五、设置隐秘／想象的小游戏空间

在大型组合结构体上至少要设立一至两个以上半封闭遮挡的小空间（图6-3-1b、图6-3-2），可以设立的地点与形式如在小平台下面的小空间、一个可供爬入的小方块、一个小游戏屋等；此一小空间可以是任何的秘密基地，两三位幼儿可以在此运用可移动的附加零件亲手布置或玩扮演游戏，或一人独处暂时退避游戏。这样的一个小空间不仅可以休憩、想象、发泄情绪，而且可以促进社会性游戏，以及避免烈日、风沙的侵入，是一个富"温馨美感""健康安全""社会互动"的幼儿游戏环境。

图 6-3-2　　　　　　　　　　　　图 6-3-3

六、示多元与明显的出入口

大型组合游戏结构是游戏场的焦点，它必须具有多重出入口，以减少幼儿等待的时间，并同时容纳许多幼儿在结构体上游戏（图 6-1-3e、图 6-3-3）；而且出入口要明显，如色彩鲜明，足以引导幼儿找到出入方向。多元明显的出入口也可以赋予不同程度的挑战性设计，让幼儿可依能力选择不同的出入方式（图 6-3-4a、图 6-3-4b、图 6-3-4c），例如斜坡道、拉绳与斜板、攀爬绳梯、攀爬网架、吊环横杠、消防滑竿等。这也是考量幼儿心理状态的"温馨美感"设计。

图 6-3-4a

图 6-3-4b   图 6-3-4c

七、做畅行无阻的动线设计

　　整个游戏结构体上上下下要能畅行无阻，不仅是安全考量，而且也让幼儿的游戏可以继续或撤离，甚至有利互动交流。因此动线连接的不同层级平台空间的阶梯或坡道要宽广。此外，动线要有分支设计，让孩子可以同时选择不同的活动或离开活动，也可以达到缓解人潮拥挤的作用。此一设计实现幼儿学习环境"健康安全""社会互动"规划通则。

八、显安全与保护的坐落与材质

　　一个大型组合的游戏结构在规划之初，必先界定设施的区域范围，在结构体直接外围要设有"保护环带"（protective zones），而且保护区域外围必须设有趋近环带（approach zones）；务必确定这两个环带上没有其他游戏设施或活动干扰结构体本身与周边活动的进行（Vergeront, 1988）。根据 Vergeront 所指，在滑梯、滑竿与平台下的降落区也需铺有软表层的"净空区"（约 40 厘米），以及滑梯、秋千等会移动设施旁的等待区也要清楚界定，以保障安全。整个结构体的动线必须不穿越净空区、等待区等。此外，所有会移动摆动的游戏设施最好是软性材质，如秋千坐垫；其次就结构体的材质而言，最好是光滑的抛面，并裹住尖角，如果是金属材质，最好能加顶棚或能做好防晒发烫的措施。此乃落实幼儿园学习环境规划的"健康安全"通则。

参 考 书 目

中文部分：

方克立　(1989)。**幼儿园空间形成的社会历史分析：以台北市都会区为个案**。未出版博士
　　论文，淡江大学，台北市。

王莲生　(1992)。幼儿园环境规划原理与设备充实指针之探究。**教师之友，33 (3)**。

王克难 (译)　(1994)。**夏山学校**。台北：远流。

田育芬 (1987)。幼儿园活动室空间安排与幼儿社会互动关系之研究。载于台湾学校建筑研
　　究学会 (主编)，**幼儿园园舍建筑与学前教育** (页 264–293)。台北：台湾书店。

田育芬 (1987)。美国幼儿教育活动室空间之相关研究。载于台湾比较教育学会 (主编)，
　　学前教育比较研究 (页 401–430)。台北：台湾书店。

江丽莉等 (译)　(1997)。**儿童游戏与游戏环境**。台北：五南。

李政隆 (1987)。**都市中幼儿园的规划理论与实际**。台北：大佳。

李素馨 (译)　(1995)。**行为观察与公园设计**。台北：田园城市。

余振民 (译)　(1997)。**教育的艺术**。台北：光佑。　(Wilkinson,R.,1975)

吴怡儒 (1998)。**幼儿园户外游戏活动实施现况之研究：以云嘉地区为例**。未出版博士论
　　文，嘉义师范学院，嘉义市。

周淑惠 (1997)。幼儿教师之教学行为与现况研究。**新竹师院学报，10，23–45**。

周淑惠 (1998)。**幼儿自然科学经验：教材教法**。台北：心理。

周淑惠 (2000)。**幼儿数学新论：教材教法**。台北：心理。

周淑惠 (2001)。海阔天空任遨游：儿童学习环境规划新视野。**台教世纪，196，53–60**。

周淑惠 (2002)。**幼儿教材教法：统整性课程取向**。台北：心理。

周淑惠 (2006)。**幼儿园课程与教学：探究取向之主题课程**。台北：心理。

周淑惠 (主编)　(2002)。**幼儿园幼儿自然科学课程资源手册**。台北：教育。

周淑惠、陈志如 (1998)。幼儿园室内学习环境简介：学习区。**台教世纪，179，16–20**。

侯锦雄、林钰专 (译) (1996)。**儿童游戏环境设计**。台北：田园城市。

柳丽珍 (1986)。**幼儿园园舍建筑与设备**。台北：五南。

胡宝林、陈其澎、林佩蓉、施建邦、魏主荣、詹瑞峰、陈历渝、侯娉婷 (1996)。**托育机构空间设计之研究**。

胡宝林 (1999)。从小区共生的理念探讨托育机构/幼儿园所之教保空间模式。**中原设计学报，1 (1)，109–128**。

台湾教育 (1989)。**幼儿园设备标准**。台北：中正。

郭静晃 (译) (1992)。**儿童游戏：游戏发展的理论与实务**。台北：扬智文化。

陈阿月 (译) (1996)。**童年沃野**。台北：新苗文化。

陈淑敏 (1999)。**幼儿游戏**。台北：心理。

梁淑静 (2000)。**学前教育空间规划与教学互动之探讨**。未出版硕士论文，中原大学，中坜市。

黄世孟、刘玉燕 (1992)。**幼儿园建筑计划准则研究**。建筑研究所筹备处。

游明国 (1993)。**寓教于玩：从儿童的学习环境探讨游戏空间的功能与创造**。儿童游戏空间规划与安全研讨会。

张世宗 (1996)。幼儿学习空间的规划与应用。载于台北师范学院幼儿教育系 (主编)，**幼儿教育专辑—空间** (页 10–38)。台北：教育。

张军红、陈素月、叶秀香 (译) (1998)。**孩子的一百种语言**。台北：光佑。

曾锦煌 (译) (1997)。**儿童游戏与游戏场**。台北：田园城市。

汤志民 (2001a)。**幼儿学习环境设计**。台北：五南。

汤志民 (2001b)。幼儿活动室的设计与配置。**台北市立师范学院初等教育学刊，10，199–228**。

杨淑朱、林圣曦 (1995)。小学二年级学童在现代及传统游戏厂的游戏器具选择及游戏行为之比较分析。**嘉义师院初等教育研究所学报，1，1–22**。

刘玉燕 (1993)。**幼儿园游戏环境设计**。儿童游戏空间规划与安全研讨会。

刘玉燕 (1997)。**幼儿园的教与学环境设计**。发表于"辅导区地方教育辅导活动"理想与风格—幼儿园教学与空间环境规划研讨会。台北：台北市立师范学院。

刘育东 (1997)。**建筑的涵义：认识建筑、体验建筑、并了解建筑**。台北：胡氏图书。

黎志涛 (1996)。**托儿所幼儿园建筑建筑设计**。台北：地景。

萧昭君 (译) (1996)。**童年的消逝**。台北：远流。 (Postman,N.,1982)

魏美惠 (1995)。**近代幼儿教育思潮**。台北：心理。

简美宜 (2000)。**游戏场合适性与幼儿游戏场合行为之分析**。八十九学年度师范学院教育
　　学术论文发表。

戴文青 (1993)。**学习环境的规划与运用**。台北：心理。

苏南芬、林信甫 (译) (1996)。**一所没有墙壁的学校**。台北：胡氏图书。

英文部分：

Abbott, C., & Abbott, C. (1995). *Child care center design & the potential of architecture.* ERIC Document Reproduction Service No. 387 258.

Barker, R. G.(1968). *Ecological Psychology: Concepts are methods for studying the environment* of human behavior. Standford, CA: Standford University Press.

Berk, L. E.(1997). *Child development (4th ed.).* Needham Heights, MA: Allyn and Bacon.

Berk, L. E., & Winsler, A.(1995). *Scaffolding children's learning: Vygotsky and early childhood education.* Washington, D.C.: National Association for the Education of Young Children.

Bronfenbrenner, U.(1979). *The ecology of human development: Experiments by nature and design.* Cambridge, MA: Harvard University Press.

Brown, J. G. & Burger, C. (1984). Playground designs and preschool children's behaviors. *Environment and Behavior, 16 (5) ,* 599–626.

Berk, L. A. (2001). *Awakening children's minds: How parents and teachers can make a difference.* New York: Oxford University Press.

Bodrova, E. & Leong, D. J. (1996). *Tool of the mind: The Vygotskian approach to early childhood education.* N.J.: Prentice–Hall.

Bowers, L. (1988). Playground design: A scientific approach. In L. Bruya (Ed.), *Playspaces for children: A new beginning* (pp. 166 –176). ERIC Document Reproduction Service No. 291 748.

Bredekamp, S. (1987). *Developmentally appropriate practice in early childhood programs Serving children from birth through age 8. Washington,* D.C.: National Association for the Education of Young Children.

Campbell, S. D., & Frost, J. L. (1985). The effects of playground type on the cognitive and social play behavior of grade two children. In J. L. Frost & S. Sunderlin (Eds.), *When children play* (pp. 81–88). Wheaton, MD: Association for Childhood Education International.

Ceppi, G.,& Zini, M. (1998). *Children, spaces, relations: Metaproject for an environment for young children.* Reggio Children and Comune Di Reggio Emilia.

Cohen, U., Hill, A. B., Lane, C. G., McGinty, T., & Moore, G. T. (1992).*Recommendation for children play areas*. University of Wisconsin–Milwaukee: Center for Architecture and Urban Planning Research.

Cronin–Jones, L. L. (2000). The effectiveness of schoolyards as sites for environmental Science instructions. *School Science and Mathematics*, 100(4), 203–207.

Curtis, D., & Carter, M. (2005). Rethinking early childood environments to enhance learning. *Young Children, May*, 34–38.

Day, D. E. (1983). *Early childhood curriculum: A human ecological approach*. Glenview, IL: Scott, Foresman and company.

Dempsey, J. D., & Frost, J. L. (1993). Play environments in early childhood education. In B. Spodek, (Ed.), *Handbook of research on the education of young children* (pp. 306–321). New York: Macmillan.

Dudek, M. (2000). *Architecture of schools: The new learning environments*. Woburn, MA: Architectural Press.

Edwards, C., Gandini, L., & Forman, G. (Eds.), (1993). *The hundred language of children: The Reggio Emilia Approach to early childhood education. Norwood*, NJ: Ablex.

Elikind, D. (1988). *The hurried child*. Reading, MA: Addison–Wesley.

Esbensen, S.B. (1991). Playground design and mainstreaming issues: Beyond ramps. Paper presented in NAEYC Conference.

Esbensen, S.B. (1987). The early childhood playground: An outdoor classroom. Ypsilanti, MI: High/Scope Press.

Essa, E.(1992). *Introduction to early childhood education*. Albany, New York: Delmar Publishers.

Fleer, M.(1993). Science education in child care. *Science Education*, 77(6), 561–573.

Frost, J. L. (1987). *Child development and playground*. ERIC Document Reproduction Service No. 281 632.

Frost, J. L. (1990). Young children and playground safety. In S. Wortham & J. L. Frost (Eds.), *Playground for young children: National survey and perspectives* (pp. 29–48). Reston, VA: American Alliance for Education, Recreation and Dance.

Frost, J. L.(1992a). *Play and Playscapes*. Albany, New York : Delmar Publishers.

Frost, J. L. (1992b). Reflection on research and practice in outdoor play environments.

Dimensions of Early Childhood, Summer, 6–10.

Frost, J. L., & Dempsey, J. D. (1990). *Playgrounds for infants, toddlers, and preschools.* ERIC Document Reproduction Service No. 332 806.

Frost, J. L., & Klein, B. L.(1979). *Children's play and playgrounds.* Boston: Allyn & Bacon.

Frost, J. L., & Wortham, S. C.(1988). The evolution of American playground. *Young Children,* 43 (5), 19–28.

Fullan, M. (1993). *Change forces: Probing the depths of educational reform.* London: The Falmer Press.

Forman, G. E. & Kaden, M. (1987). Research on Science education for young children. In C. Seefeldt. (Ed.), *The Early childhood curriculum: A review of current research.* New York: Teachers College Press.

Fox, J. E.(1997). Swinging: What young children legin to learn about Physics during outdoor play. *Journal of Elementary Science Education.* 9(1), 1–14.

Gandini, L. (1993). Educational and caring spaces. In C. Edwards, L. Gandini, & G. Forman (Eds.), *The hundred language of children: The Reggio Emilia Approach to early childhood education.* Norwood, NJ: Ablex.

Gayeski, D. M. (1995). Designing communication and learning facilities: An overview of concepts and methods. In D. M. Gayeski (Ed.), *Designing communication and learning environment* (pp.3–14). Englewood Cliffs, N.J.: Educational Technology Publications.

Ginsburg, H.P., & Opper, S.(1988). *Piaget's theory of intellectual development.* Englewood Cliffs, N.J.: Prentice Hall.

Gordon, A., & browne, K. W. (1993). *Beginnings and beyond.* Albany, New York: Delmar.

Guddemi, M., & Eriksen, A.(1992). Designing outdoor learning environments for and with children. *Dimensions of Early Childhood, Summer,* 15–40.

Harms, T., Clifford, R. M., & Cryer, D. (1998). *Early Childhood Environment Rating Scale.* New York: Teachers College Press.

Hart, C. R., & Sheehan, R. (1986). Preschoolers' play behavior in outdoor environments: Effects of traditional and contemporary playgrounds, *American Educational Research Journal,* 23(4), 668–638.

Heddens, J. W.,& Speer, W. R.   (1988). *Today's Mathematics*. Chicago, IL: Science Research Associates.

Jalongo, M. R., Fennimore, B. S., Pattnaik, J., Laverick, D. M., Brewster, J., & Mutuku, M. (2004). Blended perspectives: A global vision for high−quality early childhood education. *Early Childhood Education Journal, 32*(3), 143−155.

Kamii, C., & Devries, R. (1993). *Physical knowledge in preschool education: Implication of Piaget's theory*. New York: Teachers College Press.

Kritchevsky, S., Precott, E., & Walling, L.   (1977). *Planning environment for young children: Physical space*. Washington DC: National Association of Education of Young Children.

Leed, J.   (1995). A seven−step method for building effective learning environments. In D. M. Gayeski   (Ed.), *Designing communication and learning environment*   (pp.3−14). Englewood Cliffs, N.J.: Educational Technology Publications.

Lillard, P. P. (1972). *Montessori: A modern approach*. New York: Schocken Books.

Montessori, M.(1965). *Dr. Montessori's own handbook*. New York: Schocken Books.

Moore, G. T.(1985). State of the art in play environment. In J. L. Frost & S. Sunderlin (Eds.) *When children play*   (pp.171−192). Wheaton, MD: Association for Childhood Education International.

Moore, G. T.   (1994). *The developmentally appropriate design of child care facilities*.   ERIC Document Reproduction Service No. 376 964.

Moore, G. T.   (1996a). How big is too big? How small is too small? *Child Care Information Exchange, July*, 21−24.

Moore, G. T.   (1996b). Addressing center size: A village of Interconnected houses for very large centers. *Child Care Information Exchange, September*, 77−80.

Moore, G. T.   (1996c). A question of Privacy: Places to pause and child caves. *Child Care Information Exchange*, November, 91−95.

Moore, G.T.   (1997a). Houses and their resource−rich activity pockets. *Child Care Information Exchange, January*, 15−20.

Moore, G.T.   (1997b). Favorable location for child care center. *Child Care Information Exchange, September*, 73−76.

Moore, G.T. (1997c). The common core of a child care center. *Child Care Information Exchange*, March, 82–85.

Moore, G.T.(1998a). Site planning and layout. *Child Care Information Exchange*, January, 24–26.

Moore, G.T.(1998b). Image and scale. *Child Care Information Exchange*, March, 97–101.

Moore, G.T., Cohen, U., & McGinty, T. (1979). *Design patterns for childrens' environments: Synopsis of a two–year research and design project*. ERIC Document Reproduction Service No. 186 100.

Moore, G. T., Lane, C. G., Hill, A. B., Cohen, U., & McGinty, T. (1996). *Recommendation for child care centers. University* of Wisconsin–Milwaukee: Center for Architecture and Urban Planning Research.

NAEYC (1991). *Accreditation criteria & procedures*. Washington, D.C.: National Association for the Education of Young Children.

Nash, B. C.(1981). The effects of classroom spatial organization on four and five –year –old children's learning. *British Journal of Educational Psychology*, 51, 144–155.

Nutbrown, C., & Abbott, L.(2001). Experiencing Reggio Emilia. In L. Abbott & C.Nutbrown. (Eds.), *Experiencing Reggio Emilia*. Buckingham: Open University Press.

OECD (1995). *Redefining the place to learn*. Paris Codex: Organisation for Economic Co – operation and Development.

Osmon, F. L. (1971). *Patterns for designing children's centers: A report*. ERIC Document Reproduction Service No. 061 577.

Passantino, R. J.(1994). Preschool comes to school: Design concerns of preschool facilities. *School Business Affairs, January*, 26–29.

Petrakos, H., & Howe, N.(1996). The influence of the physical design of the dramatic play center on children's play. *Early Childhood Research Quarterly*, 11(1), 63–77.

Phyfe–perkins, E.(1979). *Applicatioon of the behavior–person–environment paradigm to the analysis and evaluation of early childhood education programs*. Unpublished doctoral dissertation, University of Massachusetts.

Phyfe –perkins, E. (1980). Children's behavior in preschool Setting: A review of research concerning the influence of the physical environment. In L. G. Katz (Ed.), *Current topic in early childhood education* *(VIII)* (pp. 91–125). Norwood, NT:Ablex.

Phyfe –perkins, E., & Shoemaker, J. (1986). Indoor play environment: Research and design implications. In G. Fein (Ed.), *The young child at play: Review of Research* (Vol.4) (pp. 177–193). Washington D.C.: National Association of Education of Young Children.

Piaget, J. (1970). *Genetic epistemology* (E. Duckworth Trans.). New York: Columbia University Press.

Piaget, J. (1976). Piaget's theory. In B. Inhelder, & H. Chipman (Eds.), *Piaget and his school: A reader in developmental psychology.* New York: Springer–Verlag.

Post, T. R. (1988). Some notes on the nature of mathematics learning. In T. R. Post (Ed.), *Teaching mathematics in grade K–8.* Newton, MA: Allyn and Bacon.

Prescott, E.(1987). Environment as organizes in child care settings. In C. S. Weinstein & T. G. David(Eds.), *Spaces for children: The built environment and child development.* New York : Plenam.

Proshansky, H. M., & Fabian, A. K. (1987). The develpoment of place identity in the child. In C. S. Weinstein & T. G. David (Eds.), *Spaces for children: The built environment and child development* (pp.21–40). New York: Plenum Press.

Rivkin, M.(1995). *The great outdoors: Restoring children's right to play outside.* Washington, D. C: National Association for the Education of Young Children.

Rinaldi,C.(2001). Documentation and assessment: What is the relationship? In C. Giudici, C. Rinaldi, & M. Krechevsky, (Eds.), *Making learning visible: Children as individual and group learners.* 2001 Reggio Children, the president and fellows of Harvard College, and the Municipality of Reggio Emilia.

Robson, S. (1997). The physical environment. In S. Robson & Smedley, S. (Ed.), *Education in early childhood: First things first*(pp. 153–171). London: David Fulton Publishers.

Sommerfeld, D., & Dunn, C. (1988). Project OLE: Outdoor learning environment for chlidren. In L. Bruya (Ed.), *Playspaces for children: A new beginning* (pp. 29–48). ERIC Document Reproduction Service No. 291 748.

Steels, L. (2003). Introduction. In M. Tokoro & L. Steels (Eds.), *The future of learning: Issues and prospects* (pp. 1–9). Burke, VA: IOS Press.

Stewart, R. L.(1989). *Improving learning environment for infant / toddlor and preschool children through planning a developmentally oriented playground.* ERIC Document Reproduction Service No. 316 323.

Susa, A. M., & Benedict, J. O.　(1994). The effects of playground design on pretend play and divergent thinking. *Environment and Behavior,* 26(4), 560–579.

Teets, S. T.　(1985). Modification of play behaviors of preschool children through manipulation of environmental variables. In J. L. Forst & S. Sunderlind　(Eds.), *What children play: Proceedings of the international conference on play and play environments*　(pp. 265–271). Wheaton, MD: Association for Childhood Education International.

Tharp, R. G., & Gallimore, R.(1988). *Rousing minds to life: Teaching, learning, and schooling in social context.* New York: Cambridge University Press.

Vergeront,J.(1988). *Places and spaces for preschool and primary　(outdoors)* . Washington, D.C.: National Association for the Education of Young Children.

Vygotsky,L. (1978). *Mind in society: The development of higher psychological process. Cambridge,* MA: Harvard University.

Vygotsky, L. (1986). *Thought and language.* MA: The MIP Press.

Weinstein, C. S.(1977). Modifying student behavior in an open classroom through changes in the physical design. *American Educational Research Journal,*14(3), 249–262.

Weinstein, C. (1981). Classroom design as an external condition for learning. *Educational Technology, August,* 12–19.

Wertsch, J. V.(1985). *Vygotsky and the social formation of mind.* London, UK: Harvard Univesity Press.